フロイトと日本人
往復書簡と精神分析への抵抗

北山 修 *Kitayama Osamu*
編著・書簡監訳

井口由子 *Iguchi Yuko*
書簡訳・注

岩崎学術出版社

はじめに

　欧米と日本の間で「日本の精神分析」が当初から抱えていた苦悩や葛藤，そしてそれなりにユニークな解決法が，ここに示されている。つまり，先に行く者は，時間をおいて後から行く者よりも，精神分析に対して強い愛と不安で動機付けられているからこそ，闘う姿を示すことになる。さらに，本書で同時に開示されるように，一般的にはあまり知られていない事柄だが，精神分析家とは，これこそ精神分析だ，あれは精神分析ではない，いやあれにもこれにもどちらにも精神分析的なところがある，いやどちらにもそのようなものはない，という，目に見えない心，それも無意識的な心の解釈論だからこその，引き裂かれるような言葉の道を生きていかねばならないのだ。
　そういう意味で極めて本質的な問題提起を行う本書の出版を，直接的に決心させたきっかけは，意外にも中国においてであった。つまり，2010年11月に中国の北京で，「フロイトとアジア」というテーマの第1回IPA（国際精神分析協会）アジア大会が開催されたことである。当日は，会場のあちこちで，「精神分析のコロナイゼーション（植民地化）」がキーワードとなり，さまざまな局面で話題になっていた。つまり，アジアにおける精神分析の本格的「侵入」に対して，抵抗が強まっているという意味で，迎えるアジア人と訪問する白人の双方で当然のごとく語られていたのだ。
　同じような文脈だが，私も思い出すのは，後に訓練分析と認められた個人分析をロンドンで受けていた30歳の頃のことだ。つまり当時の，留学生の間で語られた，母国に帰国してからの使命（ミッション）を授けようとする分析家の欲望や期待にどう対応するかという話題である。私たちは，伝えられる精神分析と相対する時，伝えられる側は誰でも反応するものであり，それこそが，人間理解においては重要な手がかりになるのだと考える。すなわ

ち，心の真実を発見することに対する抵抗を観察し分析することなしに，心の真実に至ることはできないのである。それはたとえば，その真実を求めることそのものには異論はないが，それを発見することを提案する人々の言い方ややり方，それを実践する人物のパーソナリティ，つまり欲望，不安，防衛という心の問題こそが，最も見落とされやすい，心の真実なのである。

また，その受け入れ側の反応においては，この地域に共有された文化や言葉のことも大きい。太陽が西に沈むことが真実であっても，その時間もその見え方も，語られ方も，場所によって異なる。言葉で語られる心の科学における，真実に関する文化的影響とはそういうものである。本書に見られるように，この国の人々の精神分析に対する態度も，他の国の人々の態度と多かれ少なかれ異なるものであった。たとえば，精神分析的アプローチを行おうとする側の人数は多いが，それを積極的に受ける人は少ない，というのが私たちの特徴だと言えるのである。素朴な言い方をすれば，詮索好きだが詮索されたくない，「恥の文化」や「見るなの禁止」の影響がここにある。

また，日本人は本書に見られるように早くから精神分析に食らいついたが，同時に，金がない，時間がない，言葉が喋れないとさまざまにフロイトに訴えた。実は，私自身も70年代に受けた精神分析の中で同様の訴えをぶつけたものだが，たとえば私の言語的な困難については分析者に「心の言葉を話したくないのですね」と解釈されたものだ。もちろん1930年代の留学は想像を絶する程の困難を伴い，今簡単にイメージできるような旅行ではない。行こう行こうとしながらも，フロイトは遠かった。丸井先生がシベリア鉄道で行かれた時は，旅の無事を祈られた留守家族は目的地到着の電報の届いた時，ケーキを食べてお祝いされたという。経済的な困難も，古澤先生の場合はお兄さんからお金を借りた留学であり，節約は絶対条件であった。であるから，それらの困難をここで心理的困難と呼ぶことは，一般読者には理不尽に聞こえるかもしれない。

しかしながら，それでもそこには，少なくとも部分的には，心理的な葛藤のあったことと，「蓋をとる方法」としての精神分析に対する戦い，あるい

は抵抗の要素があったということは間違いない。それで本書では，日本人の精神分析の積極的な取り入れの姿が描き出されるが，同時に，精神分析の取り入れに抵抗する姿も際立つことになる。さらには，その間にあるギャップを橋渡しする解決策も示されるだろう。これを資料として分析するならば，私たちについての在り方や生き方の洞察として得られるものは大きいだろう。

　ここで言う「抵抗 Widerstand」とは，フロイト自身が指摘している意味が重要であろう。私たちの「精神分析に対する抵抗」とは，フロイトの発見によって無意識の欲望を露わにされ，「心理的侮辱」を受けて，彼の諸発見に敵対的になる態度を指している場合がある。

　さらに「抵抗」の意味で重大なことは，この言葉が精神分析で使われ始めた時代は，闘いのイメージが伴ったことで，ドイツ語圏で抵抗記念館と言えば，ナチズムに対するものである。そして，精神分析の侵入に対して当然のごとく生まれた抵抗とその自己分析的研究の歴史があった方が，頭ではすんなりと受け入れておきながら口で精神分析は死んだと言い出す場合よりも，将来的にはさらに深く根付くもののように思う。それを願って，これからも長い歴史になるはずの，日本の精神分析の黎明期の記録と個人的な解説を，私は世に送り出したい。ただし本書の構成では，基本方針として，私の著作と，書簡集という資料を区別した方がいいと考えた。それで，記録である書簡は第一部にまとめて紹介し，私の精神分析的エッセイは第二部にまとめた。その際，本文の多くの文脈で「先生」というような敬称は省略する。

　ここで一般読者に対する注記として最初に述べておきたいのが，本書で語られるトレーニング・アナリシス training analysis についてである。これは国際的には精神分析家になるためのトレーニング（訓練）の際に受けねばならない精神分析であり，昔は教育分析と邦訳されていたが，最近では我が国でも訓練分析と正しく呼ばれるようになっている。もちろん，訓練分析を受けるなら，抵抗はたびたび発生するものである。

目　次

はじめに　　iii

第一部　フロイト-日本人 書簡集
　1. フロイトと文通したパイオニア四人の略歴　　3
　2. フロイト-日本人 書簡集　　7
　3. 書簡原文　　59
　訳者あとがき　　103

第二部　精神分析的エッセイ「精神分析への抵抗」
　1. 黎明期，日本人はどのように精神分析にアプローチし「抵抗」したのか　　109
　2. フロイトとの土居健郎の「格闘」　　123
　3. 国際的視野から見た日本の精神分析：
　　　その二重性と柔軟性　　139
　4. 交流の「表と裏」とその起源について　　157

あとがき　　169

第一部
フロイト - 日本人 書簡集

1. フロイトと文通したパイオニア四人の略歴

矢部八重吉［やべ やえきち　1874-1945］

　心理学者で，日本で最初に国際資格をとった精神分析家。栃木県に生まれる。1890 年米国に渡り高校を卒業。1898 年カリフォルニア大学に入学し，主に一般心理学，実験心理学を学ぶ。1901 年イエール大学に進むが，翌年退校。05 年帰国後通訳に登録し，その後労働省で労働心理学を研究，1930 年鉄道省国費留学生として，英国ロンドンにて精神分析を学び，国際協会の精神分析家の資格を取得した。国際協会の支部として日本精神分析学会を組織し，品川に精神分析の診療所を設けて実践を続けた。

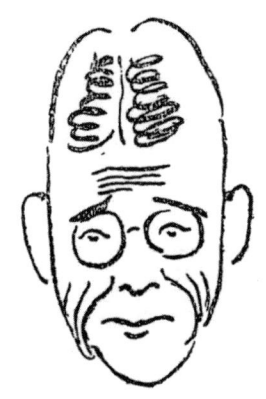

矢部八重吉の似顔絵
(「精神分析」1934)

丸井清泰［まるい きよやす　1886-1953］

　元東北帝国大学医学部精神病学講座教授。兵庫県出身で，東京大学医学部を卒業後，1915 年に東北大学講師に就任。精神分析学とのつながりは 1916 年から 2 年半，ジョンズ・ホプキンス大学に留学したときに始まり，帰国後教授に就任するとすぐに医学部学生に向けて精神分析学の講義を始め，我が国の力動的精神病理学を発展させた。教室から発表される精神分析的研究発

表をめぐり森田正馬らとの学会史に残る激しい討論を展開した。1933年フロイトと会い国際協会IPAの仙台支部設立の許可を得、48年弘前医大（翌年弘前大）学長。弟子に古澤の他、山村道雄、懸田克躬といった日本の精神分析の開拓者がいる。論文も多く、IPAの雑誌に日本人として初めて学術論文が掲載された（1935）。

ご家族と1933年

古澤平作 ［こさわ へいさく 1897-1968］

精神科医で、精神分析家。神奈川県厚木に生まれる。1926年東北大学医学部を卒業、同大学医学部精神科・丸井清泰教授に師事、31年同助教授となる。1932-33年ウィーンに留学、フロイトに阿闍世コンプレックスの論文を提出する。1934年から没するまで東京で精神分析医として開業、55年日本精神分析学会を設立、57年まで会長、59年から名誉会長となり、並行して国際協会日本支部（日本精神分析協会）の支部長。週1回の「精神分析」、背面椅子式自由連想法など、独自の技法を開発し、日本人患者の基本的葛藤が母に対するアンビバレンスにあることに注目して罪の意識を主題とする理論を発表。著作は少ないが、土居健郎、西園昌久、前田重治、武田専、小此木啓吾ら、その後の精神分析や力動精神医学を推進する弟子たちを育成した。

大槻憲二［おおつき けんじ 1891-1977］

文芸評論家で，在野の精神分析学研究者。1891年兵庫県洲本市に生まれる。東京美術学校（現・東京芸大）に進むが，その後1918年早稲田大学文学部英文科を卒業する。モリスの芸術的社会主義に傾倒，やがて著述に専念するようになる。1928年矢部八重吉らと共に東京精神分析学研究所を設立し，1933年「フロイド精神分析学全集」全10巻の翻訳をほぼ独力で完成する。研究所機関誌「精神分析」を創刊し，これは戦時下に休刊するも，戦後復刊させ86歳で没するまで続いた。臨床実践も行ったと言われ，外国の研究者と交流，その論文を紹介し，著作も多数。

2. フロイト‐日本人 書簡集

(書簡監訳:北山修　訳:井口由子)

Ⅰ. はじめに

ここに戦前の日本における精神分析学に関する歴史的資料を紹介する。

今回訳出されたジークムント・フロイトと日本人との書簡の大部分は，米国ワシントンの国会図書館から入手したリタイプやコピーをもとにしている。また，後半の一部はオリジナルが早稲田大学中央図書館に納められているものである。もちろん，ここに掲げる書簡がやりとりされた書簡の全部ではないので，今後増える可能性はある。

また，それ以外の引用文献や参考資料として *Diary* と書いているのはFreud Museum Publications の *The Diary of Sigmund Freud 1929–1939* (1992) をもとにしている。もう一つ先行研究で重要なのは，G. Blowers & S.Y.H. Chi の Ohtsuki Kenji and the Beginnings of Lay Analysis in Japan. Int. J. Psychoanal. (2001) 82, 27–42 であり，本書簡集を編集する際に参考にしている。

ワシントンの米国国会図書館のものは，Sigmund Freud Collection at the Manuscript Division of the Library of Congress, Washington, D.C. に属しており，そのボックス番号とフォルダー番号をそれぞれの書簡の最初に記している。

書簡中の明らかなスペルミスは，後の原文掲載の際は残したものもあるが，この日本語においては正しく記している。それらは以下のようなものである。

Shinyoto → 春陽堂

Azase → 阿闍世

また，矢部（Yabe）は時に Zabé や Jabé と表記されているが矢部で統一した。丸井の名である「清泰」は原文では Kiyoyasu や Seitai と書かれている。古澤は Kosawa や Kozawa と書かれているし，Otsuki は Ohtski となることもあるが，同じ人物のことを指す。

付録として収録した書簡 28 と書簡 29 は前と連続する内容であり，書簡 29 はこの書簡集の最後を意味し，書簡 28 は手紙が集められた経緯を推測させるものなので合わせて掲載した。さらに，現在のように国際的な組織を協会と呼び，国内的な組織を学会と呼び分ける習慣が固定したのは戦後のものなので第一部における表記はすべて学会で統一したが，IPA（International Psychoanalytical Association）は現在と同じ国際精神分析協会と訳した。

さて本書に掲載した書簡の大部分は，次の邦訳書簡集，英文書簡集という 2 つに掲載されている。

北山修（編）：フロイト - 日本人書簡集．精神分析研究，Vol. 48 増刊号，2004．

O. Kitayama (Ed.): Freud's correspondence with colleagues in Japan. Japanese Contributions to Psychoanalysis, Vol.3, 2010. Tokyo: The Japan Psychoanalystic Society.

書簡 19 番までは，本書，上記の邦訳書簡集，英文書簡集ともに番号が共通している。20 番以降は，英文書簡集が米国図書館のものに限っているために齟齬があり，以下のリストにおいて掲載番号の違いを記した。本書と，邦訳書簡集の番号は 27 番まで同じである。もちろん本書では，既出の邦訳や英訳における転記ミスや訳文は，今回の編集において修正してある。また書簡 9 と書簡 18 には 2 種類のリタイプが残っていて，これは控えや下書きが複数残っているためだと思われる。異同は文中に挿入したが，既出の英訳は挿入文のないものである。

下記の書簡リストの出典欄の「米」は米国国会図書館であり，「早」は早稲田大学中央図書館に収められていることを示す。前者はリタイプが中心で，

後者は原物が多い。書簡番号 23 の日付は，原物における手書きの文字から，これまで「1935 年 6 月 25 日」としていたが「6 月 20 日」であることが判明した。書簡 22 は「精神分析」誌 3 巻 5 号 1935 に掲載されているが，早稲田に原物があり，それを確認した。ただし，矢部への書簡 30（付録 3）は，下記の出典からの転載である。

「フロイド先生会見記」『フロイド精神分析学全集 性欲論・禁制論』所収，春陽堂，1931

大槻からフロイトに宛てられた書簡 31（付録 4），書簡 32（付録 5）は早稲田大学中央図書館で発見した資料だが，「写し」であり，原物ではない。また，「はがき postcard」という記載については原物を確認していないものもあり，この他にもありそうなので，厳密には不確かである。

書簡リスト

書簡番号／出典	Letter	Date	Language
1 米	From Heisaku Kosawa to Freud	Apr. 15, 1925	German
2 米	From Freud to Kiyoyasu Marui	Nov. 10, 1927	German
3 米	From Kiyoyasu Marui to Freud	Dec. 13, 1930	English
4 米	From Freud to Kiyoyasu Marui	Dec. 30, 1930	German
5 米	From Kiyoyasu Marui to Freud	Feb. 2, 1931	English
6 米	From Freud to Kiyoyasu Marui	Mar. 15, 1931	English
7 米	From Kiyoyasu Marui to Freud	Apr. 7, 1931	English
8 米	From Freud to Kiyoyasu Marui	Jun. 6, 1931	English
9 米	From Heisaku Kosawa to Freud　長いバージョンがあり，文中に挿入	Nov. 1931	German
10 米	From Freud to Kiyoyasu Marui	Dec. 24, 1931	English
11 米	From Heisaku Kosawa to Freud	Jan. 13, 1932	German
12 米	From Freud to Heisaku Kosawa	Feb. 9, 1932	English, postcard
13 米	From Heisaku Kosawa to Freud	Feb. 13, 1932	German
14 米	From Freud to Heisaku Kosawa	Feb. 20, 1932	German
15 米	From Freud to Heisaku Kosawa	Mar. 16, 1932	German

16 米	From Heisaku Kosawa to Freud	(No date)	German
17 米 早	From Freud to Kenji Ohtsuki	Jun. 16, 1932	German
18 米	From Heisaku Kosawa to Freud 二種類あり文中に挿入	Jul. 1932	German
19 米	From Freud to Heisaku Kosawa	Jul. 30, 1932	German
20 早	From Freud to Kenji Ohtsuki	Dec. 26, 1932	German
21 米	From Freud to Heisaku Kosawa 英文書簡集 20	Aug. 24, 1933	German, postcard
22 早	From Kenji Ohtsuki to Freud	May, 26, 1935	English
23 米 早	From Freud to Kenji Ohtsuki 英文書簡集 21	Jun. 20, 1935	English
24 米	From Freud to Heisaku Kosawa 英文書簡集 22	Jul. 2, 1935	German
25 早	From Freud to Kenji Ohtsuki	Jul. 30, 1935	German, postcard
26 米 早	From Freud to Kenji Ohtsuki 英文書簡集 23	Mar. 27, 1937	German
27 米	From Kenji Ohtsuki to Freud 英文書簡集 24	Jul. 16, 1938	English
28 米 付録 1	From Kiyoyasu Marui to Eissler 邦訳書簡集付録（書簡 28）, 英文書簡集 25	Dec. 8, 1952	English
29 早 付録 2	From Anna Freud to Kenji Ohtsuki	Nov. 5, 1939	English
30 付録 3	From Freud to Yaekichi Yabe	Nov. 25, 1930	English
31 早 付録 4	From Kenji Ohtsuki to Freud	Mar. 23, 1936	English
32 早 付録 5	From Kenji Ohtsuki to Freud	Mar. 3, 1937	English

II. 主に丸井清泰と矢部八重吉

書簡 1　古澤平作からフロイトへ　ドイツ語
Box 35, Folder 34

　　　　　　　　　　　　　　　　　　　　　東北，日本
　　　　　　　　　　　　　　　　　　　　1925 年 4 月 15 日

Prof. Dr. ジークムント・フロイト殿
ウィーン
最も敬愛する Dr. Prof. フロイト！
貴方の著作の研究を通して，私はすでにお知り合いであるかのように感じているにもかかわらず，貴方がたキリスト教徒が聖地エルサレムに対して思うのと同じように，貴方の偉大な精神に触れるため，ウィーンで貴方とお目にかかることを熱望しております。
私は東北帝国大学精神病学教室での精神分析の研究を専門としており，この研究室は合衆国の Dr. アドルフ・マイヤー教授のもとで勉強した Dr. 丸井清泰教授の指導下にあります。
貴方の著作の研究の際，私は大変しばしば絶望いたしました。というのは，われわれ日本人にとってヨーロッパ人の思考方法に入りこむのはとても難しいからです。しかし，私の努力は，貴方のお考えの深さによって十分すぎるほど報われてきました。貴方は，我々が学生時代に顕微鏡で細胞の構造を見出したのと同じようなある種の確かさで，人間の精神を描写しています。
どんなに貴重な教えを貴方から学んだか，貴方のおかげで何を得たかを，ここで伝えたいと思うならば，私はたくさんのページを満たさなければならないでしょう。私のつまらない文章で煩わせたくな

いので，私は貴方を個人的にお訪ねする状況になるまで待つことに決めました。
私は，貴方と直接お目にかかって幾つかの問題を詳しくお話できるその瞬間を，いてもたってもいられない思いでお待ちしております。
私は，その際貴方から新たな精神の解明や多くの珠玉のような考えのうちの幾つかを得て帰ることになることを願い，また同時にそれを確信しております。

貴方の大変恭順なる［古澤］

　1925年に書かれたとされる上記の書簡1は，1931年に書かれた書簡9と似ている。1926年に古澤は東北大学医学部を卒業しており，精神分析と本格的に出会うのはそれ以降であると推測される。それ以前に「私は東北帝国大学精神病学教室での精神分析の研究を専門としており」とは書き難いかもしれないし，似た文面の手紙でフロイトに2度連絡をとったのかどうかも不明である。これに対するフロイトの返事は見つかっていない。資料から言うとフロイトと日本人との具体的なやりとりは，まず1927年丸井がフロイトに著作の出版許可を得ようとした書簡（入手していない）から始まり，書簡2はそれへのフロイトからの返事であろう。また本書簡集では，教室名は当時の呼称に従い精神病学教室にしたが，一般名称では精神医学や精神科を使用している。

丸井清泰

書簡 2　フロイトから丸井清泰へ　ドイツ語
Box 37, Folder 16

1927 年 11 月 10 日

Prof. Dr. フロイト　　　　　　ウィーンIX，ベルグガッセ 19

敬愛なるご同僚様，

私は，貴方が精神分析に対する日本の学者の関心を呼び覚まそうと意図しておられることを聞いて大変喜んでおります。貴方の国は，ヨーロッパやアメリカで分析の困難さを引き起こしている多くの偏見からまさに自由なのです。私は分析学が日本にどのように受け入れられるのか喜んで知りたいと思います。もし私が生きて見聞きさえするのであれば。

貴方が翻訳したいと思う物すべてに対して，私の認可を与えます。もし貴方が性理論を最初に出版したいと思うならば，翻訳権のためにウィーンI，ヘルファースドルファー通り 4 の Fr. ドイティケ出版社に頼まなければなりません。私は，彼が貴方にかなり軽い条件を出すと確信しています。翻訳には最近の 1925 年第 6 版を基本にすることを望みます。

さらには，もちろん私には「［精神分析］入門講義」の翻訳がもっとも適していると思われます。貴方のご尽力に心から感謝します。学問が遠い距離を越えて我々を一つに結ぶことは，人生において僅かな素晴らしい出来事に属するものです。

貴方の大変恭順なる
ジークムント・フロイト

一方1929年12月24日，心理学者・矢部八重吉が教育分析を受けるためにIPAに連絡をとったことがマックス・アイティンゴンからフロイトに伝えられる（*Diary*から）。1930年，政府の鉄道事業のために働く心理学者・矢部は3カ月のヨーロッパ留学を果たし，ロンドンでエドワード・グラヴァーから20回の教育分析を受け，アーネスト・ジョーンズから臨床講義を受けた。5月2日，矢部から受けとった「快感原則をこえて」の日本語訳が，会長アイティンゴンを通しフロイトに送られる（*Diary*から）。翻訳は1930年春陽堂から出た對馬完治訳「快不快原則を超えて」であろう。これはその後大槻憲二によって訳し直されている。

矢部はロンドンからの帰路，1930年5月7日夜アイティンゴンと共にベルリンにいたフロイトを訪ね，1時間以上話しあって深夜に別れている。話は「快感原則をこえて」の難解さに及び，矢部は「死の本能」論が仏教に通じるところがあり日本人には理解が容易であると述べ，フロイトは大変喜びそれで隣室にいたアンナを呼んで共に談笑したという。

この直後に分析家としての資格を受けた矢部は「帰朝後，自分は同志と共

1930年11月。前列中央が矢部八重吉

に日本精神分析学会を組織し，また東京市内に分析室を設けて一般の診療に応じることにした」(「フロイド先生会見記」『フロイド精神分析学全集 性欲論・禁制論』所収，春陽堂，1931．これにフロイトの矢部への書簡が掲載されているので，本書では最後の付録3書簡30として転載した)．雑誌に載った広告や記事では，実践の場として，東京の大井にIPAの支部として「国際精神分析学会日本支部分析寮」を開いている(「精神分析」2巻1号，1934)．以下の手紙に示されるごとく，丸井がこの間連絡をとらなかったために，「二つの日本支部」の混乱が始まる．

書簡3　丸井清泰からフロイトへ　英語
Box 37, Folder 16

Prof. Dr. ジークムント・フロイト
ウィーンIX，ベルクガッセ19

1930年12月13日　仙台，日本

親愛なる博士，

貴方がご親切にも著作の翻訳権を私に与えて下さったお手紙(1927年11月10日付)を受け取って以来，長いこと私はお手紙を書きませんでした．しかし，私は常に精神分析学を研究しており，ここに貴方の著作「日常生活の精神病理」(独語版全集第IV巻)の翻訳を完了したこと，それが最近東京の「アルス」という出版社から出版されたことを喜んでご報告いたします．そこで貴方にこの日本語の翻訳の一冊をお送りしますが，貴方がすぐにもこれを受け取られますよう願っています．この本のなかには一つの重大な印刷ミスとたくさんの小さな印刷ミスがあることをお詫びいたします．しかし，

貴方はこれをお許しくださることと思いますし，翻訳そのものには間違いがないと願い，また信じております。ついでながらこの国には現在，貴方の著作の熱狂的な読者がとても多数いることをお伝えできるのは嬉しいことです。

この機会を利用して次のようなことをお書きするのをお許し下さい。私は，パラフレニー，躁鬱病，早発性痴呆，精神神経症の，多数の分析を行った症例を持っています。そこで，これらの症例についての論文を，その準備ができましたならば発表したいと思っています。2〜3年のうちにヨーロッパに行きたいと思っており，お許しがいただければその際貴方にお目にかかれることを大変熱望しております。過分なお願いでなければ，私に何かの課題について研究させていただき，それから私を一人の弟子として採用していただければと懇願する次第です。

大変親愛なる
丸井清泰
東北帝国大学精神病学教授
仙台，日本

書簡4　フロイトから丸井清泰へ　ドイツ語
Box 37, Folder 16

Prof. Dr. フロイト　　　　　　　　1930年12月30日
　　　　　　　　　　　　　　　ウィーンIX，ベルグガッセ19

敬愛なる教授殿

貴方の「日常生活の精神病理」の翻訳は，外出するまだ少し前の私にとても喜ばしい驚きをもたらしました。貴方が遺憾と思っておられる印刷ミスは，私にとってもちろん気になることではありません。私は，貴方がどんなにひたむきに精神分析学に研究を傾けてきたか，満足して読みました。貴方が我々の雑誌に発表したいと思うものをすべて私に送って下さい。それが受け入れられるよう手をつくしましょう。しかし今，一つ白状して，貴方の寛容さにおすがりします。私は3年間貴方から何もお便りがなかったので，貴方がその計画をあきらめたものと思いました。そう信じる権利を私は持っていなかったと悟っています。このような思いから今年の春，私の書いたものの翻訳の2度目の認可を別の人に与えてしまいました。それは東京のDr.矢部で，精神分析学会を設立した人です。彼の住所は，日本精神分析学会で，念のため彼の最近の手紙の封筒を同封します。矢部氏は，私がベルリンの療養所に居るときに尋ねてきました。それ以来私は彼から，著書「快感原則をこえて」の翻訳を受け取っています。出版社は，東京の春陽堂です。その知らせからは，全集が計画されていることがわかります。私がまだ所有していない，ほかの幾つかの翻訳もすでに出版されているはずです。

すべて私に責任があることは否めません。今私は貴方にこの件に関して困った状態からお助けいただくことをお願いします。どうぞ矢部氏と話をつけて，幾つかの本が二重に翻訳されないようにしてください。貴方のご尽力で彼と合意できれば，すべての仕事をかなり早く行うことができます。願わくば，貴方と貴方の教え子が，東京の学会とも接触されますように。

貴方にもう一度お詫びをすると共に，よき同輩としてご挨拶します。
　　　　　　　　　　　　　大変恭順なる
　　　　　　　　　　　　　フロイト

このあとフロイトは，春陽堂から出る矢部グループの「フロイド精神分析学全集」と，アルス出版社から出る丸井グループの「フロイド精神分析大系」という二種類の翻訳を受け取ることになる。それで，フロイトは混乱しているとジョーンズに書いている（1931年1月4日付書簡）（*Diary* から）。こうなったのは，互いに知らずに作業が進んでしまったこともあるが，以下に見るように，矢部が謝罪して接近して来たにも関わらず，丸井がプライドゆえに参加を断ったからである。

書簡5　丸井清泰からフロイトへ　英語
Box 37, Folder 16

1931年2月2日　仙台

Prof. Dr. ジークムント・フロイト
ウィーンⅨ，ベルグガッセ19

親愛なる博士，

1930年12月30日付の貴方の手紙を受け取りました。そして貴方が，貴方の論文「日常生活の精神病理」の日本語訳を受け取ったことがわかり大変嬉しく思います。この機会を借りることをお許しいただければ，貴方の論文のうち次の日本語訳は一昨年来出版社「アルス」が引き受けており，そのうちの幾つかはすでに出版され，また幾つかは印刷の途中にあることをお伝えします。

ヒステリー研究　　　　　　　　訳　Dr. T. 安田　（出版済み）
夢判断　　　　　　　　　　　　訳　Mr. R. 新関　同上
快の原理を越えて，自我とエス，集団心理学と自我分析，精神分析

への興味	訳	Mr. R. 久保	同上
精神分析入門	訳	Dr. T. 安田	同上
洒落の精神分析	訳	Dr. S. 正木	同上
トーテムとタブー	訳	Mr. E. 関	同上
幻想の未来	訳	Mr. K. 木村	（未出版）
愛情生活の心理学, メタ心理学等	訳	Dr. R. 木村	同上

（私の教え子）

私は，貴方が論文の翻訳の認可を矢部氏にも授けられたことについて，まったく気を悪くしておりません。私がそれほど長い間お便りを差し上げなかったことを遺憾に思うばかりです。このことは単に私の方の，外国語で手紙を書くことのかなりの難しさと不精とによるものです。貴方が私の過失をお許し下さいますよう願っております。

我々のオリジナルな精神分析論文の精神分析誌への受け入れを援助していただけるとのお申し出，貴方のご親切に大変感謝いたします。また，適切にも東京の精神分析学会と接触をはかるようにとのアドバイスをいただきました。それはこの国の精神分析運動の繁栄に寄与するものであろうと推察します。しかし，敢えて私の学者としての，とくに精神分析家としての人生のプライドがその学会自体に入ることを許さないということを申しあげます。では，どうしてそうしないのでしょう。

私は以下の長い申し立てが貴方を大変お騒がせし困惑させることを恐れております。しかし，貴方がご親切にもこれを読み，私の心に秘めた感情をご理解いただく労をお取り下さるならば私は大変ありがたく思います。

私は東京帝国大学を卒業し呉教授の精神病学講座で精神医学を学んだ後，日本政府によってその学問領域におけるさらなる研究を行うために外国に派遣されました。もちろん，私はヨーロッパに行きた

かったのですが，ちょうど戦争の時代でしたので，それができませんでした。1916年にアメリカに行き，ボルチモアMd.のジョンズ・ホプキンス病院のフィプス精神病学講座にてDr.アドルフ・マイヤーのもとで精神医学を学びました。戦争が止んでから，イギリス，フランス，スイスを旅行しました。チューリヒでは，Dr.アドルフ・マイヤーの紹介状を持ってブロイラー教授にお会いする機会を得ました。当時貴方のお国へはまだ入国を許されず，そのため私は貴方にお会いすることをとても気にかけていたにもかかわらず，その機会を得ることができませんでした。

1919年の8月に帰国し，ここ仙台の，東北帝国大学医学部精神病学の教授として身を落ち着けました。その時以来，私は常に精神分析学に大変大きな関心を抱いてきました。いつも私の教え子とともに患者さんを精神分析的な方法で治療したり，日本の人々，特に医学会の人々に精神医学の知識を得るよう促したりすることを試みてきました。1921年以来，私とその教え子たちは，この国の東京や他の大都市で開催される「日本神経学会」の年次大会で毎年精神分析的な研究の成果について講演を行い，そのうちのいくつかはすでに日本の医学雑誌に公刊されています。1929年4月にはここ仙台で持たれた学会の年次大会で，学会の依頼により私は精神分析にもとづく「心の発達」について特別講演をいたしました。その間にも何度も，医療関係者の会合，精神衛生や貧困及び一般小児の養育のための専門課程で精神分析の講義を行いました。また一方，日本の大衆に啓発する目的で新聞や一般の雑誌に精神分析についての記事を頻繁に寄稿しました。1925年に『小児期精神ノ衛生ト精神分析』［克誠堂書店刊］という題の本を，1928年には再び『精神分析療法・鞍近神経官能症学総論，最近の神経症と精神神経症の理論』［克誠堂書店刊］という本を出版しました。

私がアメリカから帰ってきた当時，この国には誰も精神分析を実践

している者はいませんでしたし，精神分析の文献を読んでいる者も
ごく僅かでした。おそらくご存知と思いますが，ほとんどすべての
日本の精神科医はドイツ語で精神医学を学んだのです。そして驚
くまでもなく，彼らは貴方のお考えを聞いたり気にかけたりはして
いないのです。現在の時点でこの点についてただ一つの例外がある
と言わなければなりませんが，それは，朝鮮（韓国）京城帝国大学
の精神病学講座，K. 久保［久保喜代二］教授が精神分析に興味を
持ち始めていたからです。このように我々の教室は継続して体系的
に精神分析の研究に専心してきた，そして今もただ一つの場所なの
です。私は我々の教室がこの国の精神分析運動の先頭に立ってきま
したし，まだそうであると信じていますし，この国の特に学者級の
人々はこの事実を承認することを確信しています。我々がどんなに
精神分析に関して人々への啓発の仕事に貢献してきたか，と思う
事実を誰も否定しないでしょう。私は個人的に矢部氏を知りません
が，彼は合衆国のどこかで精神分析を学び，数年前に帰国したと言
われています。一昨年のいつでしたか，私の友人で『脳』（精神衛
生についての日本の雑誌）の編集者でもある東京のJ. キクチ氏が
私に，矢部氏によって書かれ，わが国で出版を意図していた本の原
稿を送ってきました。そして私にそれを訂正することを頼んできま
した。しかし，ここに書きたくない諸事情によって私は当時それが
できませんでした。昨年，私は矢部氏がヨーロッパに行って帰国し，
「日本精神分析学会」を東京で友人たちと設立し，貴方の著作の日
本語訳に着手したとの情報を得ました。今数日前に彼は私に手紙を
よこしました。この中で彼は貴方から手紙を受け取ったと述べ，私
に東京の学会と接触を持つよう頼んできました。彼はまた，私に会
うことを切に望んでいるとも述べていました。私は彼にそれについ
て考えてみたいと答えました。彼の手紙で，矢部氏は私にこれに関
して全く断りなしにヨーロッパに行ったこと，また学会を設立した

ことに対する遺憾と謝罪を表明しました。しかし，もちろんそれが私と関係のあることとは私は考えていません。

親愛なる博士！　「国際精神分析協会」の積極的な会員になることが認められることと，この国で精神分析家の協会を作ることは長年私が心に抱いてきた希望です。しかし協会のきちんとした会員になるには，貴方かほかの精神分析家に私が分析を受けることが欠くことのできない条件であろうと考えました。そこで私は，日本帝国政府が外国に2度目の派遣をするその時を待ちに待ってきました。私の順番は今やすぐ近くにありますが，まだ1～2年待つことになるでしょう。今，もはやこれ以上待てないと感じています。

親愛なる博士，どうか次のことにお答えください。私が貴方のところに行く前にその協会に入るための特別なお計らいをしていただく方法はありますでしょうか。それが可能なら，そのために要求される条件と，ここ仙台で一つの協会（ニューヨーク精神分析学会に似た仙台精神分析学会）を設立するためにとるべき手続きをもどうぞ教えて下さい。もしその協会に入るのにどなたか私を推薦する人が必要でしたら，Dr. アドルフ・マイヤーが私のためにそうして下さると信じております。

矢部氏は，貴方が今年の5月1日に75歳の誕生日を迎えられると伝えてきました。この誕生日をお祝いするのに，私は幾つか日本の物をプレゼントとして送ろうと思いましたが，次の瞬間その品物に対して税金が課せられるであろうというご迷惑をむしろ貴方にもたらすかもしれないと考えました。そこで，私は，外国為替の方法でごく僅かな150マルクをお送りすることに決めました。貴方がこのささやかなプレゼントを快くお受け下されば大変幸せです。

この長い手紙で貴方を相当お騒がせし困らせることをさらにお詫びいたします。

　　　　　　　　　　　　　　　　　　貴方の大変親愛なる

> 丸井清泰
> 精神病学講座
> 東北帝国大学, 仙台, 日本

　ここで「ニューヨーク精神分析学会に似た仙台精神分析学会」の可能性を打診しているのは, 「一国一組織」の方針が原則だが, 米国では地方単位で組織が設立されていることを指しているのだと思われる。

書簡6　フロイトから丸井清泰へ　英語
Box 37, Folder 16

> 　　　　　　　　　　　　　　　　　　　　1931年3月15日
> Prof. Dr. フロイト　　　　　　ウィーンIX, ベルグガッセ19
>
> 親愛なる丸井教授
> 貴方の書かれたお手紙とプレゼントありがとうございました。プレゼントはお金でいただきましたが, 5月6日に, 精神分析の利益のために使いたいと思っています。
> 貴方の大学の教官として, 医師としてそして著述家としての, 精神分析のための様々な活動について知れば知るようになるほど, この年月貴方が翻訳やご自身の寄稿を送るために, 我々と接触を持とうとされなかったことが残念であり不思議です。もし貴方がそうなさっていたならば, 我々はこの事実上の紛糾をすべて避けていたでしょう。

貴方の手紙が到着してから，I. P. A.（国際精神分析協会）の現在の会長である Dr. アイティンゴンと私は，我々の会員になりたいという貴方の願いについて討議しました。彼は，貴方にそれだけの価値があることは疑いなく，我々は貴方とその一門の人々を受け入れることを大変嬉しく思う，と言いました。貴方は，たとえ貴方自身が分析を受けていなくても，直接彼に願い出るべきです。しかし，Dr. 矢部の学会はすでに受け入れられてしまっていたのであり，我々は同じ国で幾つかの団体が互いに独立して活動するべきでないという規則を持っています。しかし合併したならば，と彼は考えていますが，貴方がなすべき最善のことは，仙台に一つの団体を創設し，それから Dr. 矢部の団体と一つの共通の組織の中で連携することです。私は，貴方が Dr. 矢部のやり方に幾らか敏感になっておられ，貴方の公的な立場により貴方が精神分析運動の頂点にあるという主張が正当と認められるということも理解しています。しかし我々の学問のためには，貴方は現実の状況を公式には無視していることに対し，何らかの埋め合わせをし，そして Dr. 矢部と合意に至るべきでしょう。貴方がそうして下さることをお知らせいただけるならば，私はことのほか幸せです。そして，貴方の苦労と熱意によって，貴方の国の言葉で出版された私のたくさんの本を受け取る，という以上に印象深い誕生日のプレゼントを私は想像できません。

　　　　　　　　　　　　　親愛なる敬意を持って
　　　　　　　　　　　　　誠実なる貴方の
　　　　　　　　　　　　　フロイト

　書簡5で誕生日のことが述べられているが，本当の誕生日である5月6日にはフロイトは75歳の誕生日を家族と共に祝った（*Diary* より）。

書簡7　丸井清泰からフロイトへ　英語
Box 37, Folder 16

仙台，1931年4月7日

Prof. Dr. ジークムント・フロイト
ウィーンIX，ベルグガッセ 19

親愛なるフロイト教授，
3月15日付の貴方のご親切なお手紙を受け取りました。私が公式には無視してしまったことが，貴方とDr. アイティンゴンにもかなりご厄介をおかけしたことがわかり，大変申し訳なく思っています。貴方とDr. アイティンゴンが私の落ち度を許して下さることを心から願っております。また，貴方とDr. アイティンゴンが，私がまだ特定の精神分析家に分析を受けていないにもかかわらず，ご親切にも国際精神分析協会に受け入れようとなさっていることを知り，とても嬉しく存じます。Dr. アイティンゴンがうまくお考えになって，私がなすべき最善のこととは，ここ仙台で一つの団体を創設し，それから矢部氏の団体一つの共通の組織の中で連携することだと理解し，大変喜んでおります。今，私は矢部氏の団体と合意に至るようベストを尽くすつもりであり，矢部氏が精神分析の利益のためにそうしようと思っていることもまた確信しています。
貴方のご助言に従い，今日Dr. アイティンゴンに手紙を書き，その協会に我々を受け入れるにあたりご厄介をかけることと，仙台に団体を創設するにあたり我々を助けることを心からお願いいたしました。貴方からもDr. アイティンゴンに私からの敬意をお伝え下さい。
すでに「アルス」から出版された貴方の本の日本語訳と私の前回の手紙で述べた二つの著作をお送りする予定です。貴方が5月6日よ

り前に受け取られるように願っています。
矢部氏との結びつきについて何かご報告できるようにと願っております。

貴方のきわめて忠実な
丸井清泰
東北帝国大学精神病学講座
仙台, 日本

書簡8　フロイトから丸井清泰へ　英語
Box 37, Folder 16

1931年6月6日
Prof. Dr. フロイト　　　　　ウィーンIX, ベルグガッセ 19

親愛なる教授,
貴方の翻訳書のうちII, VI, VII, VIII, IX, XI巻と, 察するに貴方自身とその教え子たちによる出版物であろうと思われる2つの著作が今日届きました。これらの書籍をありがたく, とても幸せに思います。私は, 貴方の成し遂げた多くの仕事に対しお祝いを申し上げたい。貴方が関心を呼び起こし, 最後には成功することを信じています。

親愛をこめて貴方の
フロイト

結局, 矢部・大槻という文系・心理系の東京グループと, 丸井の医学系仙

台グループは，自ら一因となりながら修復を試みたフロイトの望みにも関わらず，将来の統合を見越しながらも，すぐには統一されなかった。編者なりに解説するなら，在野の実践者対帝国大学医学部教授，臨床心理学の矢部対米国力動精神医学の丸井，その後文化論争・科学論争を展開する「レイ分析家」の大槻たち対学術論文志向・臨床志向の医者たちとの間で，溝は深かったように見える。

　その頃次のような，矢部による日本の精神分析についての 1933 年の報告がある。「1933 年の間に，市内と家庭での私の分析室において分析を受けた患者は 23 人を数え，加えてだいたい同じ数のコンサルテーションを行った。分析時間は総計で 1431 であり，患者 1 人ごとに 63.2 セッションとなる。」（Yabe, Y.: Japan: Report on psychoanalytic activities in the year 1933. Int. J. Psychoanal. 15: 377–9, 1934.）

Ⅲ．主に古澤平作

古澤平作

　以下の書簡 9 には長いものと短いものとがあり，ここでは短いものに，長いバージョンの部分を［　］内に入れて斜体で挿入している。

書簡 9　古澤平作からフロイトへ　ドイツ語
Box 35, Folder 34

Dr. Prof. ジークムント・フロイト

最も敬愛する親愛なる Dr. Prof. フロイト，まだ私は貴方にお会いしておりませんが，貴方がたキリスト教徒が聖地エルサレムに思うのと同じように，ウィーンでその偉大な精神に触れることを熱望いたしております。私はしかし，我々には霧のむこうに見るかのように理解するのが難しい貴方の著作を読むことによって，その偉大さを存じています。

私は合衆国の Dr. アドルフ・マイヤー教授のもとで勉強した Dr. 丸井清泰教授の指導下にある東北帝国大学精神病学教室で，精神分析の研究に専門的に携わっております。

貴方の著作の研究の際，私は時折意気消沈しています，いえ時折でなく一語一語に混乱しています。しかし，貴方の言葉の深みに入れば入るほど，私の目には多くの喜びと苦悩の涙が浮かびます。貴方は，精神を，我々が学生生活において顕微鏡で驚きとともに崇高な細胞の構造を眺めたのと同じような確かさで描写しています。

［欲動生活と外部刺激の間のさまざまな関係に自我を関わらせながら，我々は，自我が常に心を発達させる状態をはっきり示しているのです。プラチナが触媒作用によって他の物質を作るように，この作用を私は，自我触媒作用または自我酵素作用と名付けたいのです。］

貴方は分析的療法においては転移が戦場であるということも教えて下さいました。

［私はこの言葉の意味を，繰り返し貴方の著作を読み，分析的療法をまだ不器用に行った後に発見しました。さらに私は，我々の現在

の心と外部刺激の間の戦場で常に行われている経過をよく考えた時，私の過去の，周囲に向けた生活上の姿勢を発見しました。転移によって理解される方法を私は自己に帰る歴史と呼びたいのです。

貴方によって最初に使用された反復強迫という言葉は，私にさらに詳しい意味を教えてくれました。というのは，私は反復強迫の内容も完全に理解していないかもしれませんが，しかし反復強迫の成り立ちは仏の救済とまったく同じであると認識しています。

今私は，人がその価値を追い，無価値を放棄すべきであるという世界を通して，生と死の本能の間での葛藤による反復強迫を感じています。

そうして，ファウストは，第一に価値を追い無価値を放棄すべきであるその生において，愛情生活と享楽を味わい尽くし，ファウスト王様の国を一目見極めたいという願望によって勝利し，それによって古い聖なる結婚を打ち壊した後で，愛情生活の最初の一歩において見捨てたグレートヘンの導きによって，やっとどんな価値も無価値も問題にならない境地に達するということが起きたのです。］

今私は貴方の著作を読むことに打ちこみ，そして1926年–1927年の幾つかの新しい出版物，フェレンツィ，アブラハム，ライヒ，ライク，アレキサンダー，アンナ・フロイトなどを読んでいます。その際，私は貴方の著作の詳細な研究が私にとって主要な前提であることを発見しています。

目の痛みが去勢コンプレックスを意味していることを読み，私の患者に同じものを発見した時には，どこからこの結論が引き出されたかを知り，日本のことわざ「隔靴掻痒」のような意味を認識することができました。

この方法論を詳しく理解するために，尊敬する教授，私が丸井教授のもとでの私の研究，つまりヒステリー性の黒内障と強迫神経症などを終えられるよう，その基本となる鍵さえお与えくだされればと思

います。

　　　　　　　　　　　　　　貴方の大変恭順なる
　　　　　　　　　　　　　　Dr. 古澤平作

貴方と個人的にウィーンでお会いし，貴方の指導のもとで研究することをお知らせいただけるまで，最も敬愛する教授，私はほとんど時間を待つことができません。

（1931 年 11 月）

書簡10　フロイトから丸井清泰へ　英語
Box 37, Folder 16

　　　　　　　　　　　　　　　　　　　　　1931 年 12 月 24 日
Prof. Dr. フロイト　　　　　　　ウィーンⅨ, ベルグガッセ 19

親愛なる教授，

11 月 31 日（？）［リタイプのときの記号だろう］付のお手紙［この手紙は発見されていないようである］と，貴方の組織と Dr. 古澤についてのお知らせをありがとうございます。最初の点に関しては，我々がヨーロッパの国々で経験したのと同じ個人的な困難に貴方が自国の人々の中で出会っているというのはとても残念なことです。人間の性質はしばしば言われるように何処も同じなのでしょう。しかし，貴方が何らかの満足のいく一致に至るという希望に私はこだわります。

Dr. 古澤について私は幾つかの条件が満たされれば，私の個人治療に引き受ける用意があります。それは第一に私が生きていること，

第二に彼がやってきたときに私に空いた時間があること，最後に1時間に25ドルという料金が彼にとって高すぎないことです。いずれにせよ私は彼に会い，もし私では難しい場合でも大変良い分析家に紹介したいと思います。
幸福と成功を祈りつつ

　　　　　　　　　　　　　　　貴方の　フロイト

古澤は，1932年1月26日からウィーンに滞在し，フロイトを訪問する。1932年，丸井らのジャーナルである「東北帝大医学部精神病学教室業報（精神分析学論叢）」が発刊されている。

書簡11　古澤平作からフロイトへ　ドイツ語
Box 35, Folder 34

最も敬愛する教授殿！
大変光栄に存じました，最初の訪問の際に，残念ながら私がここに来た身近な理由をご説明いたしませんでしたので，大変重要な理由からこれをお手紙に表すことをお許し下さい。私の日本での臨床活動に基づいて，当然私自身の盲点について部分的にはよく理解することができていましたが，しかし私自身ひとりでは乗り越えることのできない限界もやはりあったのです。日本には私を分析することのできる専門家はいないものですから。たとえば早発性痴呆の際にある種の難しさに突き当たります。
さらに私は，色々な精神分析の著作を翻訳のために研究したことに

より，ただ貴方，教授だけが私がこの限界を乗り越えるのを助けられる立場にあるだろうことを確信いたしました。

私はドイツ語の知識がかなり乏しいので最初はかなりの困難があるだろうと，相当わかっていたにもかかわらず，私の旅行を長くは延期したくありませんでした。というのは，私はまさに貴方によって私をもっと完成させることを体験したいという気持ちに駆り立てられたからです。この隠された自画自賛は幾らか奇異に聞こえるかもしれませんが，私の多方面にわたる成果と，関連した文献に書かれたものを比較することによってこのような結論に至ったのです。

残念ながら私は，この夢はかなえられないと認識しなければなりませんでした。なぜなら設定された経済的な条件は私の僅かな資金を遥かに超えています。私は政府からの援助を受けていませんし，また特に裕福でもないからです。

このお金のかかる旅行をまったく目的の無いものにしないために，少なくとも私の最初の独自の論文（博士論文）の，日本では残念ながら不可能であった価値判断をしていただきたいのです。この論文を私はもちろん日本語ではすでに仕上げております。私はそれをドイツ語がもっとできるようになったら翻訳したいと思っています。私は，貴方，そう教授殿に，この価値判断をいずれ引き受けていただけるかどうかを，すみませんがお伝えいただくこと，またそのためには幾らかかるかをご親切にも教えていただけることをお願いいたします。

最後にこの日本人の手紙に対してさらなるお知らせをいただくことに，心からの感謝の意をお受け取り下さい。

　　すべての偉大な尊敬と尊重を表しつつ

　　　　　　貴方の大変恭順なる　H. 古澤

（1932年1月13日）

古澤の記録では，1932年1月26日からウィーンに滞在し2月10日に最初に訪問したことになっており，入手したリタイプ中にミスの形跡が残っているので，書簡11の日付は2月13日かもしれない。となると書簡13と同じ日付となる。また，逆転移に関する古澤の比喩として目の問題が語られることが多いが，それは彼自身が目の障害を抱えていたことと無関係ではないだろう。

書簡12　フロイトから古澤平作へ［はがき］　英語
Box 35, Folder 34

　　　　　　　　　　　　　　　　　　　　　　　1932年2月9日
Prof. Dr. フロイト　　　　　ウィーンⅨ，ベルグガッセ19

親愛なる Dr. 古澤，
　私は Dr. 丸井に貴方を引き受けるとのお約束をしました。もし貴方が11日木曜日の午後8時（夕食後）にいらしていただければ，大変嬉しく思います。貴方は英語が話せると思いますし，そうなら通訳は必要ありません。
　　　　　　　　　　　　　　　誠実なる貴方の
　　　　　　　　　　　　　　　フロイト

書簡13　古澤平作からフロイトへ　ドイツ語
Box 35, Folder 34

最も敬愛なる教授殿！

私は，敬愛なる教授，依頼の件で貴方との面談の機会を与えて下さったという得がたいご親切に対し，深く感謝の意を申し述べなければなりません。

貴方のご親切なご助言に従って，私はすでに Dr. フェダーンと話し合いましたが，私の時間の配分ややるべきことについて貴重なご示唆を下さいました。まず私がすべての熱意をドイツ語の勉強に注がなければならないのは当然のことです。

いずれにせよ私は 14 日ごとの精神分析的なセッションに通いますが，私にとって大変嬉しいことであり，私の耳は慣れない言葉に慣れてくるでしょう。

　　　　　　　　　　　　　　　　　貴方の大変恭順なる
　　　　　　　　　　　　　　　　　古澤平作

1932 年 2 月 13 日

　古澤は，リチャード・ステルバから教育分析を受け，パウル・フェダーンからスーパーヴィジョンを受ける。この文中にある「14 日ごとの精神分析的なセッション」の意味は不明である。1932 年 2 月 18 日，古澤はフロイトを訪れて Kiyoshi Yoshida (1876–1950) による富士山（逆さ富士）の絵を贈る (*Diary* から。ただし古澤自身のメモによると 2 月 10 日と記されている)。これ（図版）はその後フロイトの待合室に掲げられることになり，現在は，フロイトミュージアム（ロンドン）で見られると言う。

Kiyoshi Yoshida「富士山」

書簡14　フロイトから古澤平作へ　ドイツ語
Box 35, Folder 34

```
                                        1932 年 2 月 20 日
Prof. Dr. フロイト          ウィーン IX，ベルグガッセ 19

敬愛なる博士
美しい絵をどうもありがとうございました。それが，私がたくさん
読んだことがあるけれども，自分で見る機会を与えられなかったも
のであったとはっきりわかりました。
私は貴方のエネルギーは勉学の困難をうまく乗り越えるであろうと
確信しています。そして，貴方の意図がかなうように我々は皆ここ
で支援する用意があることを保証いたします。
                            心からのご挨拶と共に
                              貴方のフロイト
```

書簡15　フロイトから古澤平作へ　ドイツ語
Box 35, Folder 34

　　　　　　　　　　　　　　　　　　　　　　　　1932年3月16日
Prof. Dr. フロイト　　　　　　　　ウィーンⅨ, ベルグガッセ19

敬愛なる博士
すでに貴方にお約束したように、私は貴方に私にできるどんな種類の援助もしてあげたいと思います。そして貴方の論文がドイツ語になったならば、喜んでそれを読み、判断しましょう。それについてもちろんまったく費用はかかりません。
私自身で貴方の分析を行うことが貴方にとって難しいのは、悔やまれます。私はいまだに現金収入の必要性がありますが、貴方からは25ドルの代わりに10ドルだけをいただくことにしましょう。
　　　　　　　　　　　　　　　　私の良き願いとともに
　　　　　　　　　　　　　　　　　　貴方のフロイト

書簡16　古澤平作からフロイトへ　ドイツ語
Box 35, Folder 34

　　　　　　　　　　　日付なし［この順番におくのは推測に基づく］

最も敬愛なる教授殿！
貴方のとてもご親切な手紙に、私は特別な喜びで満たされました。

そして私は，いずれドイツ語に書き直した私の博士論文を，ご好意による判断をいただけるよう，提出させていただきたいと思います。私の分析の費用についての貴方の多大なるご好意に関しては，心から感謝しています。しかしこれに関して言えば残念ながらまだ確実なお返事をすることができません。私は経済的にすべてを私の兄に負っており，まず兄の許可を得なければならないからです。

貴方の大変恭順なる
古澤平作

書簡17　フロイトから大槻憲二へ　ドイツ語
Box 38, Folder 4
早稲田大学中央図書館所蔵

1932年6月16日

Prof. Dr. フロイト　　　　　ウィーンⅨ，ベルグガッセ19

親愛なる大槻様

私は，貴方の送って下さった2冊の本，新聞，そして小さな写真をとても満足して受け取りました。精神分析について貴方の書かれたものを自分で読んでみたいと思いますが，それはできませんね。
貴方が我々の出版社から来るのを待っていてまだ受け取っていない物については，何が問題なのか，そこに問い合わせさせました。可能ならば，もう一度送られることになるでしょう。
貴方のご尽力に感謝し，親しい願いをこめて

貴方の　　フロイト

書簡 18　古澤平作からフロイトへ　ドイツ語
Box 35, Folder 34

敬愛なる教授！

貴方のご親切なお手紙は私に特別な喜びをもたらしました。本当に有難うございます。

私のささやかな翻訳のさらに次の部分を貴方の田舎のお宅にお送りすることでご負担をおかけしたとしたら，私のわがままをお詫び申し上げます。

精神分析に関しては，私は日本でもともと自分自身しか頼るものがなかったので，難しい立場にあります。

お渡しした論文で取り上げた阿闍世コンプレックスについては，まだここでは徹底的には論じられていないという気がしています。私はしかし，今後の方針を定めるために，これまでの部分について貴方のご判断を聞くことができたならば，大変ありがたいと思います。これについてここで述べているコンプレックスは単に輪郭のみを描いただけなので，よりよく概観できるようにするにはさらに資料を用いることができるでしょう。

この機会に，臨床実践の中で私に浮かんだ原則的な質問についてあげてみたいと思います。

私の精神分析的な実践の初めにおいて私はホワイトの方法（丸井教授の指導のもとで）を適用してきました。そしてより軽い症例についてはそれにより成果も上がりました。しかし，幾らか重い症例（たとえば強迫神経症）では，この方法はうまくいきませんでした。ここから私はこの方法の応用についての疑問がわき，次のような質問をどうしてもしたいのです。本来「自由な」連想とは何でしょうか？　私はここで貴方の著作を読み，ある論文（精神分析の技

法について）でその定義を見つけました。貴方の自由連想を適用する際には常に良い成果を得ていました。しかしより重い症例（統合失調症）では部分的に自由連想はうまくいきませんでした。当時私は，すべての分析家は常に，究極の治癒には患者の治癒能力，つまり回復への願望を一つの主要な要素とみなしているということを強調していると考えていました。もちろん，分析家自身の盲点に注意を払わないのはいけません。しかしまさにこの点には比較的低い価値しかおかれていないのです。私はしかし，たとえばその分析家が愛情の葛藤を解消し，これに関して罪がないと感じていて，それゆえに患者のこのような葛藤をも解消しなかった場合，患者もまたそのように「罪」に反応したという経験をしました。

私自身は，このような内的な私の中の愛情葛藤を私の臨床を通じて解決しましたが，サディスティックな葛藤は私のあらゆる努力にもかかわらず自身で解決することができていません。最も新しい精神分析の見解によれば，早発性痴呆の患者は最も強いサディズムを持っています。このような患者では，デメンツはこのサディズムに相応しい機制［メカニズム］なのです。［当時私は*阿闍世コンプレックス*を発見しました。］

私が教授に分析を受けたならば，葛藤は意のままになるでしょう。私にはどんな分析家にとっても，つまり私にとっても，自身の盲点を解決することが，なすべき主要な問題であると思えるのです。

もっとも大いなる尊敬と敬意を表しつつ

　　　　　　　　　　　　もっとも恭順な
　　　　　　　　　　　　貴方のH．古澤

（1932年7月）

書簡 19　フロイトから古澤平作へ　ドイツ語
Box 35, Folder 34

　　　　　　　　　　　　　　　　　　　　　　　1932 年 7 月 30 日
Prof. Dr. フロイト　　　　　　　　ウィーン IX，ベルグガッセ 19

敬愛なる　博士
貴方の論説を受け取り，読み，保管しています。貴方は，すぐには
これをお使いになるおつもりはないようですので。
　　　　　　　　　　　　　　貴方の恭順なる
　　　　　　　　　　　　　　フロイト

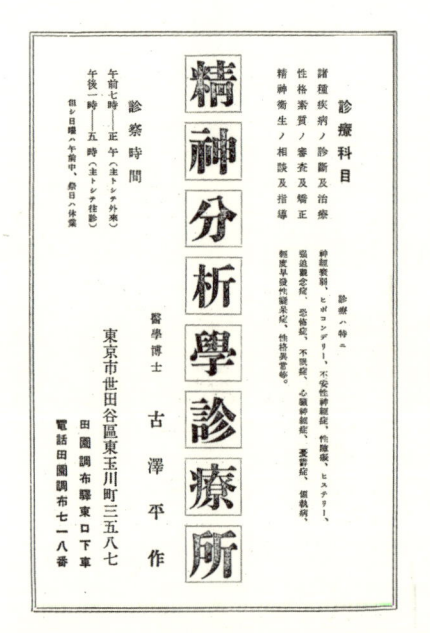

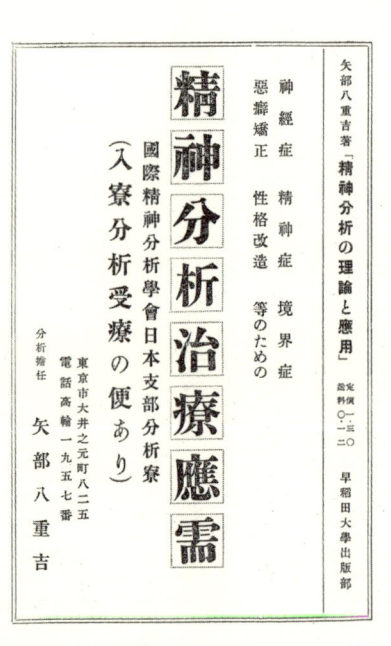

「精神分析」（1巻6号，1933）に並んで掲載された古澤（左）と矢部（右）の広告

書簡19が,「阿闍世」論文に対するフロイトの反応であると推測できる。古澤は,1932年1月26日から同年12月29日までウィーンに滞在して帰国,東京の東玉川,数年後には田園調布で「精神分析学診療所」を開業し,診療,精神分析,スーパーヴィジョンを開始している.

書簡20　フロイトから大槻憲二へ　ドイツ語
早稲田大学中央図書館所蔵

1932年12月26日

Prof. Dr. フロイト　　　　ウィーンIX, ベルグガッセ19

親愛なる大槻様

新しい巻「分析療法論」をありがとう！　日本語のいくつかの巻に私の視線が落ちる度に,私は一度もこの「読む」という旅を一緒にできないにもかかわらず,精神分析がすでになしてきた遠い旅を嬉しく思います。

私は貴方の刊行物のうち5つの巻を今所有していますが,それがすべてなのかどうかわかりません。つまり最後のもの(療法論)以外には,
2) III巻として記されている,快感原則をこえて
3) 恋愛生活など
4) 貴方と長谷川氏による社会,宗教,文明
5) IV巻として記されている,芸術,文学

つまり,すべての巻が私の手元に届いているわけではないのは確かと言ってよく,今や,足りない巻を私に送ってくださるようお願いします。私は,貴方のご自宅の住所に,ちょうど出版された「夢の講義集」を

送るよう指示しました。
貴方の昔話の解釈は，きっとひとつの出版物の内容になるでしょう。

心からの感謝をこめて

貴方のフロイト

　1933年5月，大槻の主宰する東京精神分析学研究所から雑誌「精神分析」が創刊される。定期的にフロイトへも送られるようになる。

　また，日本支部はフロイトに，誕生日の祝いとして『エディプス王』を贈る。「東洋の心にソフォクレスを結びつけて彼は興奮している」とヒルダ・ドゥーリトルからブライヤーへの手紙（1933年5月24日）に記され，フロイトが日本人の無意識や精神分析に期待していたことが記録されている（Analyzing Freud: Letters of H. D. Bryer and Their Circle. edited by S. Friedman (New York: New Directions, 2002)）。

「精神分析」創刊号（1933年5月）

1933年5月フロイト
77歳の誕生日を祝う日
本の精神分析グループ

書簡 21　　フロイトから古澤平作へ［はがき］　　ドイツ語
Box 35, Folder 35

　　　　　　　　　　　　　　　　　　　　　ウィーン　1933年8月24日
　貴方のお手紙と魅力的な子どもの写真をありがとう。
　　　　　　　　　　　　　　　　　　よき願いとともに，
　　　　　　　　　　　　　　　　　　　　　フロイト

　シベリア鉄道でヨーロッパに向け出発した丸井は，1933年9月23日フロイトを訪ねて，1カ月のウィーン滞在の間でフェダーンから短期間の精神分析を受ける。その後，11月12日ロンドンでジョーンズに会い，学会設立を認可されるが，これと同時に矢部の会は日本支部ではなく東京支部となったと言われる。このことについては，1934年の報告が東京グループのK. Tsushimaから提出されている (Tokio Psycho-Analytical Society. Bul. Int.

Psychoanal. Assn., 16: 261–262, 1935)。こうしてできた2つの精神分析学会は統一されないまま、戦争の時代を迎える。日本語ではここで2つに分かれたものを支部と呼ぶ人がいるが、欧文では一定ではなく、東京支部は「東京精神分析学会 Tokio Psycho-Analytical Society」と表記されたり、書簡28 にも見られるごとく丸井は「仙台精神分析学会 Sendai Psychoanalytical Association」という名称を使用したりしている。

　その頃、ドイツ人、オランダ人、米国人たちがトラブルばかり起こすのに対して、ジョーンズやアンナ・フロイトは日本人に好感を抱き、アンナは日本が理想的な国であり「ぜひ行きたい」とジョーンズへの手紙に書いている（1934年1月30日付書簡）（*Diary* より）。]

IV. 主に大槻憲二

大槻憲二

　大槻憲二は留学はしていないが、英文学者で博識であり、日本国内における精神分析運動の特徴の一つとなる異種から成る集団形成を早くから実践した。東京精神分析学研究所のメンバーと業績リスト（46頁）から、その多種多様ぶりが伺える。

書簡 22　大槻憲二からフロイトへ　英語
早稲田大学中央図書館所蔵　雑誌「精神分析」3 巻 5 号 1935 に掲載

　　　　　　　　　　　　　　　　　　　　　　1935 年 5 月 26 日
Prof. Dr. フロイト　　　　　ウィーン Ⅸ，ベルグガッセ 19

親愛なる先生へ
あれから長い間お便りがないのですが，とてもお元気でご活躍のことと信じております。
たった一通のお手紙が我々会員全員を励ましてくれますので，どうか時折お便りを頂戴したいと思います。
私は，我々の雑誌を定期的にお送りしていますが，貴方のもとにそれらがきちんと届いていることを望みます。我々の雑誌は，精神分析そのものとともに，だんだんと発展しております。しかし，その学問に対する我が国における一般的な抵抗はとても強くて根強いものですので，我々の雑誌は，まだ採算がとれておりません。それは一部には我々が使う言葉の性格によるものであり，そのために売れ行きがかなり限られております。
最近「精神分析雑稿」（あるいは "Psychoanalytische Miszellaneen" と訳しましょうか）[岡倉書房，1935 年刊] というタイトルの本を出版しました。その 1 冊をここに別便にてお送りします。我々の科学に関する，世界の多くの文献のひとつに含めていただけるよう望んでいます。

　　　　　　　　　　　　　　　　　　変わらず貴方の誠実なる
　　　　　　　　　　　　　　　　　　大槻憲二

小 冊 家 江戸川 乱歩

本研究所事業案内並びに継続報告

講師 大槻憲二 酒井由夫

昭和五年十一月二十一日から二二日まで（毎夜六‐九時）京橋區讀賣講習堂にて。

1、精神分析總論 …………………… 大槻憲二
2、現代日本文學の分析批評 ……… 長谷川誠也
3、フランス現代文學と ……………… 廣瀬哲士
4、シュルレアリスム …………………
5、ドイツ現代文學と ………………… 武田忠哉
6、ノイエザハリヒカイト ……………
7、精神分析三派の比較研究 ……… 長谷川誠也
8、英国現代の心理派文學 …………

3、精神分析講演
昭和六年五月三十日、立正大學講堂にて
1、マルクスとフロイド ……………… 大槻憲二
2、精神分析と教育 …………………… 長谷川誠也
3、精神分析の話（ラヂオ放送）…… 大槻憲二

松居松翁 長谷川誠也
對馬完治 矢部八重吉

2、精神分析と現代文藝鑑賞講習會

5、昭和六年八月二十四、五日の夕。
結婚生活の精神分析 ……………… 大槻憲二
昭和七年二月七日、十四日、池袋婦人思想研究會にて（この時の話は、朝日新聞社がその家庭欄にて紹介）

6、東西桃太郎課 …………………… 大槻憲二
昭和七年五月五日夕（ラヂオ放送）

7、精神分析と兒童教育 …………… 大槻憲二
昭和七年六月十四日午後、東京市外長崎村兒童の村小學校にて。

8、女心の分析（ラヂオ）…………… 大槻憲二
昭和七年九月九日（午後二時）

9、スフィンクスと西行法師 ……… 大槻憲二
昭和七年十二月二日（ラヂオ放送）

10、フロイド喜壽祝祭劇 …………… 大槻憲二

一、出版部
1、「フロイド派と文藝」…………… 對馬完治著
フロイド精神分析學全集 十卷（本誌廣告欄參照）

3、二三の探偵的事件に關する分析的報告 ……………… 川上水夫
4、ベルグソンの夢の說 …………… 長谷川誠也
同年十一月六日（土）於萬世橋驛前アメリカン・ベーカリー

1、徒然草第七十一段に逃べられた特殊な心理作用に就いて …… 田内長太郎
2、アンドレ・モオロアに就いて …… 永田道産
3、救助戀愛文學に關するその後の調査報告 ……………… 大槻憲二
4、リットン報告書の分析解釋 …… 長谷川誠也
1、同年十二月十九日、於アメリカン・ベーカリー
「二筋道」の分析解釋 …………… 大槻憲二
1、ろばが餅に就いて ……………… 中山太郎
2、現存の若者宿に就いて ………… 江戸川亂步
3、精神病症の分類 ………………… 大槻憲二
1、昭和八年一月廿日、於アメリカン・ベーカリー

本研究所事業案内並びに継続報告

1、ユングの聯想法
2、心理分析と文藝批評 …………… 荒川龍憲
3、倶舎論中のエディポス・コムプレクス的素材に就いて ……… 長谷川誠也
4、科學的文學批評論序說
1、同年二月二十日、於アメリカン・ベーカリー
1、所謂天一坊の話に就いて ……… 大槻憲二
2、忘却想起の契機となった夢の話 ………………… 田内長太郎
3、民間傳承と夢 …………………… 中山太郎

一、講習會
入門的知識を授くるを以て目的とす。於當研究所、月々一回、その都度通知。

6、その批評 ………………………… 長谷川誠也
同年五月廿五日、於永樂クラブ

2、肉彈勇士の死と日本人の涅槃本能 ………………… 大槻憲二

大槻憲二が主宰する東京精神分析学研究所のメンバーおよび報告。大槻や矢部にまじって「民俗学者 中山太郎」「小説家 江戸川乱歩」などの名前も見られる。（機関誌「精神分析」創刊号, 1933年5月）

本研究所事業案内並びに業績報告

本研究所は昭和三年の創立に係り、創立者は長谷川誠也、對馬完治、長田秀雄、大槻憲二、矢部八重吉、松居松翁、馬渡一得、酒井由夫(いろは意)その他の人々であった。その後、人員は漸次に増加し、現在にては五十名に達んとする大團體となつた。組織は分析部、教育部、出版部、研究會、講習會の五部より成る。現在所員及び各部業績左の如し。

公 益 (いろは順)

『佛人』主筆 豊田 稔

日本大學在學	長谷川浩三
本誌編輯委員	長谷川誠也
本研究所幹事	井原鐐郎
糀場町小學校訓導	伊東豊夫
公認會計士	岩倉具榮

現 在 所 員

東洋大學文學士 長崎文治
文學士 永田道彥
音樂研究家 後藤輔
江戸醫療史料室主任 小山良修
詩人 小林五郎
府立第八中學校勤務 小松 他

文學士 小倉清三郎
著述家 小柳津邦太郎
本誌編輯委員 奥村博史
本誌編輯委員 大槻憲二
本研究所幹事精神分析士 矢部八重吉
本誌編輯委員 松居松翁
東京帝大法科在學 松田俊武
文學士 丸山季夫

立正大學文學士 徳丸友直
立正大學文學士 千葉廣洋
明治大學在學明治大學在學 川上水昇
早稲田大學出版部研究室 川又又正
東北大學醫學部 吉田秀雄
創作家 長田秀雄
立正大學文學士 中山太治
恩賜院大學敎授 中島末賢
文學士 棚谷仲彥
本研究所幹事醫學士 對馬完治
恩賜院大學敎授 武田忠我
立正大學文學士 恒田長太郎

神經症治療――ヒステリー、強迫症、妄想症その他。
性格改造――惡癖、奇癖など現實生活に不適當なる性辟にて無意識病根に基因するもの。

一、敎 育 部

早稲田高等學院講師 廣井軍一
霞ヶ関大同ビル法律事務所 白石太靖
本研究所書記 芝田新三郎
文誌編輯委員敏述勤勉 崎山正毅
本誌編輯委員 荒川龍彥

一、分 析 部

斯學の弘通と社會人心の病根解除とを圖る。講演、故逸、その他の歴史左の如し。

1、精神分析講演會(矢吹氏寄贈)記念 昭和四年九月二十七日、東洋ビル内、中山文化研究所に於いて。

本研究所事業案内並に業績報告

研究所存立頭初より繼續せられたるものなれど、只今假りに、昭和六年六月以降の業績を掲ぐ(それ以前のものは記錄の保存を怠るを以て略す)。昭和六年六月二十二日、銀座喫湖に於いて、その他飜譯飜案院呆等の寄稿は枚擧に遑あらず。本誌の創刊を以て富裕の活動は愈々積極的となって來たわけである。

一、研 究 會

1、佛敎心理學に於けるエディポス的傾向.........加藤朝鳥
2、嫉妬心理について.........................大槻憲二
3、支那心におけるエディポス的傾向...........キイワータ

1、昭和七年一月廿二日、於永樂クラブ、
   1、幻を見く女.........................小倉清三郎
   2、精神分析とシウルレアリズム.........加藤朝鳥

1、同年二月廿日、於永樂クラブ、
   1、生活權と幸福權...................長谷川誠也
   2、ウルフの作品について...............大槻憲二
   3、熊摩經の分析的解釋................長谷川誠也

1、同年十一月廿六日、同
   1、王の精神分析.....................長谷川誠也
   2、身投教助と懸愛との心理的關係.......川上水昇

1、同年九月廿六日、於永樂クラブ、
   1、社會的性格について...............昔後俊次
   2、文藝家と精神分析治療...............大槻憲二
   3、心理的タイプより見たる東西文明....長谷川誠也

1、同年六月廿二日、於永樂クラブ、
   1、兒童の酒落と云ひ損ひの機制..........廣井軍一
   2、ハクスリの懸愛觀..................奥村博史
   3、その批評.........................田内長太郎

1、二月廿二日、鈴永樂クラブ、
   1、『ナルチスとゴールドムント』の研究...武田忠我
   2、劣等感と社會感について..............大槻憲二

1、昭和七年四月廿五日、於永樂クラブ、
   1、『ジール博士とハイド氏』の分析......荒川龍彥
   2、或る少女の道徳心と藝術心...........小山良修
   3、ストレキイについて................長谷川誠也

1、同年十月十七日(木)、於永樂クラブ、
   1、ホルモンの話..................小山良修
   2、ミンスターベルクの聯想試驗..........田内長太郎

1、同年十一月二十一日、
   1、アイデンティティの文學...........加藤朝鳥

一、著 書

1、『文藝と心理學』........................長谷川誠也著
   昭和五年八月、冗人社出版。
1、『天風の文學と地獄の文學』.................加藤朝鳥
   昭和五年九月、春陽堂出版。
1、『精神分析論』.........................大槻憲二
   昭和七年三月、雄文閣出版。
1、『ウェルボル寺院』について.............長谷川誠也
1、『精神分析の理論と實際』................矢部八重吉著
   昭和七年、早稲田大學出版部出版。
1、新興建築と胎内空想.....................大槻憲二
   同年十月六日、於永樂クラブ、
1、松澤病院見學所感.......................大槻憲二
   同年三月廿三日、於永樂クラブ、
1、同年九月廿五日、YMCA二O七號室にて、.....大槻憲二

書簡23　フロイトから大槻憲二へ　英語
Box 38, Folder 4
早稲田大学中央図書館所蔵

　　　　　　　　　　　　　　　　　　　　　　1935年6月20日

Prof. Dr. フロイト　　　　　　　　ウィーン IX, ベルグガッセ 19

親愛なる大槻様

私は貴方の雑誌を定期的に入手しており，また"Psychoanalytische Miszellaneen"と貴方が訳した本を受け取りました。どちらの場合も，とても興味深い内容であろうと思われるものが理解できないもどかしさがあります。貴方が貴方のお国での抵抗について書いておられることは，私には驚くことではありません。それはまさに我々が予測したとおりなのです。しかし，私は貴方が日本にしっかりとした精神分析の基礎を作られたことを確信していますし，それが飛んでなくなることはないでしょう。

大変申し訳ないのですが，私はこんなに年老いており今では身体的に病弱です。そうでなければ出かけていく機会をつかみ，日本の親しい友人たちすべてと素敵な話し合いがもてたことでしょう。

　　　　　　　　　　　　　　　　　尊敬を持って
　　　　　　　　　　　　　　　　　貴方の誠実なる
　　　　　　　　　　　　　　　　　フロイト

書簡 24　フロイトから古澤平作へ　ドイツ語
Box 35, Folder 35

　　　　　　　　　　　　　　　　　　　　　　　1935 年 7 月 2 日
Prof. Dr. フロイト　　　　　　ウィーン IX, ベルグガッセ 19

親愛なる博士殿
　私は，貴方が医師としての活動に満足し，精神分析への情熱を持ち続けていることを知って大変嬉しいです。そのような心意気はさらなる成功を保証します。
　貴方の仕事部屋はまったくヨーロッパ的な印象を与えます。ただ背景の植物だけが日本的に見えます。
　貴方に一枚の写真を我々の出版社を通じて送らせるつもりです。
　　　　　　　　　　　　　　　　良きご挨拶と共に
　　　　　　　　　　　　　　　　貴方のフロイト

書簡 25　フロイトから大槻憲二へ［はがき］　ドイツ語
早稲田大学中央図書館所蔵

　　　　　　　　　　　　　　　　ウィーン 1935 年 7 月 30 日
貴方の「精神分析への入門書」を感謝しつつ正に拝受いたしました。
　　　　　　　　　　　　　　フロイト

フロイト賞牌(「精神分析」5巻2号，1937)

　大槻はフロイト賞牌（メダル）の複製と雑誌「精神分析」の第5巻第2号，そして「フロイド精神分析学全集」内容見本を送り，1937年3月3日付書簡で賞牌の由来，受賞者の名前と論文題目，全集刊行に関する事柄を伝えたという。なお，受賞者は長崎文治で，論文名は「母性感情の中に潜む憎悪」（「精神分析」4巻2号，1936）。

書簡26　フロイトから大槻憲二へ　ドイツ語
Box 38, Folder 4
早稲田大学中央図書館所蔵

1937年3月27日
Prof. Dr. フロイト　　　　　　　ウィーンIX，ベルグガッセ19

親愛なる博士殿
　貴方が最近送って下さったものは，私に色々な心地良い驚きをもた

らしました。貴方が翻訳を完成させることに着手したいと思っていることを知って大変嬉しいです。翻訳権のためにはⅨベルグガッセ7の我々の出版社と合意に達しておく必要があるでしょう。

メダルは美術品としてとても奇麗だと思いました。その顔は私にあまり似ていませんが，少なくとも私自身よりは美しいですし，似ているかどうかはそれ以上あまり意味がありません。

我々には，その賞を設立した公爵は誰なのか，どうしてそうなったのか，を知ることに興味があります。貴方がたの側から受け取る出版物は，もちろん毎回残念なことに，どんなことが書かれているのか我々は知らないままでいなければなりません。今はこちらウィーンには我々が翻訳を頼めるような日本人はいません。我々が貴方のお仕事を正当に評価するような状況になるためには，貴方ご自身で幾つか翻訳したものをお送り下さいませんか。我々はそれを進んで雑誌に印刷する用意があります。

感謝と心からの挨拶とともに

貴方の　フロイト

1937年9月6日，フロイト先生重態の噂を聞いた大槻からの見舞いの手紙に，アンナ・フロイトからの返事で，それが誤報であり，ことの外元気であるという知らせが届く（「精神分析」5巻6号，1937）。

1938年1月30日，大槻の東京精神分析学研究所の主催で，精神分析学界懇話会が開催され，諸岡存，丸井清泰，懸田克躬，木村廉吉，大槻憲二，古澤平作らが集まる（「精神分析」6巻2号，1938）。

精神分析学界懇話会（前列向かって右より）諸岡存，丸井清泰，杉田直樹，鈴木雄平，小峰茂三郎，富田義介，（中列）懸田克躬，木村廉吉，小山良修，宮田齊，大槻憲二，古澤平作，（後列）岩倉具榮，高橋鉄，長崎文治，北山隆，大槻岐美，速記者。（「精神分析」6巻2号，1938）

書簡27 大槻憲二からフロイトへ 英語
Box 38, Folder 4

東京，1938年7月16日

Prof. Dr. ジークムント・フロイト

親愛なる先生へ

これまでの人生がとても深く根づいてきたウィーンを，貴方が去らなければならなかったことを知って，非常に残念です。オーストリアのドイツへの併合以来，貴方の運命は我々にとっていつも不安の対象でした。それで，Dr. E. バーグラーや Dr. L. イェーケルスにお

> 尋ねしたところ，Dr. E. バーグラーが 2 週間前にお返事を下さって，貴方やご自分のことを伝えて下さいました。とにかく，貴方が健康で安全であり，今やロンドンで平和に暮らしておられることは，私の慰めであり，そうであることを望みます。
> 我々の科学の将来について，今貴方がご意見や何らかの計画を心に抱いておられると想像するのですが，ぜひお聞きしたいと思います。我々の国では，我々の科学や同僚たちに対してまったく何の政治的圧力もありません。そして我々の雑誌は徐々にとても健康な発展を遂げています。
> 貴方の健康と幸せを祈りつつ
>
> 　　　　　　　　　　　　　　　　　変わらず貴方の誠実なる
> 　　　　　　　　　　　　　　　　　　　　　　　　大槻憲二

この後 1939 年 11 月 5 日付けの書簡 29 で，A. フロイトから大槻へフロイト死去の報が「今回は正しい」ということを伝える知らせが届く（付録 2，書簡 29）。そして世界は第二次世界大戦に突入して行く。

V. 付　録

付録 1（書簡 28）　丸井清泰からアイスラーへ　英語
Box 37, Folder 16

> 　　　　　　　　　　　　　　　　　　　　　弘前　1952 年 12 月 8 日
> K. R. アイスラー

ジークムント・フロイト記録保管所（アーカイブズ）書記
ニューヨーク　24 N. Y.

親愛なる Dr. アイスラー
貴方のお手紙（1952年11月13日付）に答えて，ここにフロイト教授からの手紙の複写と，また私が彼に書いた手紙の複写をお送りします。私はフロイト教授のオリジナルな手紙は保存しておきたいと切に思っていますので，その写真複写を後に貴方にお送りしようと思います。

私はフロイト教授に一回だけ個人的にお目にかかったことがあります。私のウィーン滞在中，1933年の8月のある日，先生を訪問しました。当時，先生は外科的な手術（上顎の切除）の後の回復期にあり，ウィーン郊外の別荘にいらっしゃいました。私はそのベッドサイドに導かれました。アンナ・フロイトさんがお父さまを看護しておられました。フロイト教授は私に会って大変喜んでいました。その右手を差し伸べられ，私と握手しました。先生は大変深く感動していたように見えました。私は先生の目に涙が光るのにさえ気づきました。先生は私を，長年の親友であったかのように扱って下さいました。先生は微笑みと真心をこめて話そうとされました。しかしその声は十分に大きくはなく，鼻を通り，そのため私は先生のおっしゃることを聞き取るのが難しかったのです。そこで我々は，アンナ・フロイトさんの通訳で話し合いました。我々の対面は長くはかかりませんでした。フロイト教授の状況を考慮して私は10分ぐらい後には，さよならを言いました。しかし先生の友達のような親しさと心のこもった態度は私の心に深い印象を残し，私は決して忘れることはないでしょう。

　　　　　　　　　　　　　　　　心から誠実に貴方の

丸井清泰
弘前大学学長,
仙台精神分析学会会長

付録2（書簡29）　A. フロイトから大槻憲二へ　英語
早稲田大学中央図書館所蔵

20. メアスフィールド　ガーデンズ,
ロンドン. N. W. 3
1939年11月5日

大槻憲二様
親愛なる先生
残念ですが, 新聞でのこのたびの悪いお知らせは本当だということを確認いたします。私の父は, とても痛みを伴う病気の結果, 9月23日に亡くなりました。
しかし, 父はほんとうの最期まで, 変わることなく, 意識ははっきりしており, 勇敢でした。病気がもはや直らないとわかった時に, 満足して亡くなりました。
お悔やみをいただき, 貴方や研究所の皆さんに感謝いたします。

あなたの誠実なる
アンナ・フロイト

付録3（書簡30）　　フロイトから矢部八重吉へ　　英語
「フロイド先生会見記」『フロイド精神分析学全集　性欲論・禁制論』所収，春陽堂，1931.

1930年11月25日

親愛なる矢部様

我々の新しい友人の，親しみの感じられるお顔が見える，貴方の会の歓迎のお写真と，お手紙でなされた活動の報告に対してお礼を申し上げます。

貴方がたがいかに根気強く前進なさっているかを知り，特に嬉しく存じます。『快感原則をこえて』の訳書は既に入手しておりますが，今や貴方がたの出しておられる他の訳書を早く手に入れたいと思います。

貴方のご成功を心から，自分の勝手もあることながら，お祈り申し上げます。

付録4（書簡31）　　大槻憲二からフロイトへ　　英語
早稲田大学中央図書館所蔵

親愛なる先生　　　　　　　　東京　1935年5月26日

この前，貴方のXXX日付のお手紙を受け取って以来，すでに半年が過ぎました。貴方がまだとてもお元気で活動的でありますよう，願っています。

最近，私は2つの出版社に2つの異なった精神分析の本を出版さ

せました。一つは，『精神分析と人間の生活』で，もう一つは『精神分析へのさまざまな貢献』です。それぞれの著作のコピー 2 部を，別便の小包にてこれと共に送っています。そしてそれらがやがて貴方に届き，貴方がいくらかご満足いただければと願っています。

もし私のお願いが過分でなければ，貴方の最近の写真のコピー，できることならアンナ・フロイトさんとご一緒にとられたものを，1 枚お送りいただきたく思います。我々の雑誌の読者は，お二人（のお姿）を見たいと熱望しています。

　　いつも貴方に誠実なる　　　　　　　　　　　　　　大槻憲二

文中に出てくる大槻の著作の邦題は不明である。

付録 5（書簡 32）　　大槻憲二からフロイトへ　　英語
早稲田大学中央図書館所蔵

　　　　　　　　　　　　　　　　　　　　東京　1937 年 3 月 3 日

Prof. Dr. ジークムント・フロイト

親愛なる先生，

私は貴方に，別便で，岩倉公爵のフロイト賞メダルのコピーをお送りすることを嬉しく思います。この賞は昨年最も良い論文を寄稿した人に与えられたものです。

もうひとつの便では，私に関係のあるいくつかの出版物をお送りします。それらのなかに，フロイト全集の我々の翻訳の内容が示されているパンフレットをお見つけになるでしょう。ご存じのように，

私たちはすでに10巻（春陽堂出版からの出版）出しており，今私は加えてさらに10巻の著作を完成させるようスタートしています。それが完結した際には，そのため全著作が20巻で構成されるでしょう。貴方が，ご親切にも私にこの翻訳の権利を与えて下さり，この偉大な仕事を行う栄誉を持たせて下さいますよう望んでいます。

あなたの大変親愛なる
大槻憲二

追伸　貴方がよろしければ，私にお返事を下さるときにはどうぞ自国語でお書きください。

Prince Iwakura とは，東京精神分析学研究所の所員で英文学者の岩倉具榮のことと理解した。

末筆ながら，ご遺族として貴重な資料の掲載を許可していただいた古澤頼雄先生，丸井澄子先生，大槻榮子様に心より感謝いたします。訳出に当たり前田重治先生，笠井仁先生，妙木浩之先生に助言を頂戴したので，謝意を表します。

3. 書簡原文

書簡 1　**From Heisaku Kosawa to Freud**　**Apr. 15, 1925**　German
Box 35, Folder 34

            Tohoku, Japan.
            Den 15 April 1925
Herrn Dr. Prof. Sigmund Freud
Wien.
Hochverehrter Doktor Professor Freud!
  Ich habe eine brennende Sehnsucht wie Sie die Christenheit dem heiligen Jerusalem gegenüber haben, Sie kennen zu lernen um in Wien mit Ihrem grosssen Geiste in Berührung zu kommen, obzwar es mir manchmal vorkommt, Sie schon durch das Studium Ihrer Werke zu kennen.
  Meine Spezialität ist das Studium von Psychoanalyse in dem Institut von Psychiatrie in der Tohoku Kaiserlichen Universität unter der Leitung von Dr. Prof. Seitai Marui, welcher in den Vereinigten Staaten unter Dr. Prof. Adolf Meyer studiert hat.
  Sehr oft war ich beim Studium Ihrer Werke verzweifelt, dass es so schwer ist, uns Japaner in die Denkungsweise der Europäer einzudringen, aber meine Bemühungen sind sehr reichlich durch die Tiefe Ihrer Gedanken bezahlt worden. Sie stellen

den menschlichen Geist mit ebenso einer Sicherheit wie wir es in unseren Studienjahren in den Zellstrukturen unter dem Mikroskop vorgefunden haben.

Wollte ich Ihnen hier mitteilen welche wertvolle Lehren ich von Ihnen gelernt habe und was ich Ihnen zu verdanken habe, dann müsste ich viele Seiten füllen. Und da ich Sie nicht zu viel mit meiner trivialen Schreiberei belästigen will, habe ich beschlossen abzuwarten bis ich imstande sein werde, Sie persönlich zu besuchen.

Ich warte mit grosser Ungeduld auf den Moment wann ich mit Ihnen von Angesicht zu Angesicht einige Probleme eingehend besprechen kann.. Ich hoffe und bin zugleicherzeit überzeugt, dass ich dann von Ihnen mit neuen psychischen Aufklärungen und mit einigen Ihrer vielen Gedankenperlen heimkehren werde.

Ihr sehr ergebener,

書簡 2　From Freud to Kiyoyasu Marui　Nov. 10, 1927　German
Box 37, Folder 16

PROF. DR. FREUD　　　　　　10. Nov. 1927
　　　　　　　　　　　　WIEN, IX. BERGGASSE 19

Hochgeehrter Herr Kollege

Ich bin sehr erfreut zu hören, dass Sie die Absicht haben, das Interesse der japanischen Gelehrten für die Psychoanalyse zu wecken. Ihre Nation ist ja von vielen Vorurteilen frei, die in Europa und Amerika der Änalyse Schwierigkeiten bereitet haben. Ich möchte sehr gerne erfahren, welche Aufnahme die Analyse in Sagan[1] finden wird—wenn ich nur erlebe.

　Meine Autorisation haben Sie für alles, was Sie übersetzen wollen. Wenn Sie die Sexualtheorie als erstes herausbringen wollen, müssen Sie sich des Übersetzungsrechts wegen an den Verlag Fr. Deuticke in Wien I. Helfersdorferstrasse 4 wenden. Ich bin überzeugt, dass er Ihnen sehr leichte Bedingungen machen wird. Ich hoffe, Sie legen der Übersetzung die letzte—sechste—Auflage 1925 zu Grunde.

　Im weiteren wäre mir natürlich an der Übersetzung der "Vorlesungen zur Einführung" am meisten gelegen.

　Ich danke Ihnen herzlich für Ihre Bemühung. Zu den wenigen schönen Dingen im Menschenleben gehört es doch, dass die Wissenschaft uns über alle Entfernungen hinweg vereint.

　　　　　　　　　　　　Ihr sehr ergebener
　　　　　　　　　　　　　　　　Sigm. Freud

書簡 3　　From Kiyoyasu Marui to Freud　　Dec. 13, 1930　　English
Box 37, Folder 16

Professor Dr. Sigmund Freud
Wien IX, Bergasse 19.
　　　　　　　　　13 Dec. 1930, Sendai, Japan.
Dear Doctor,
Since I received your kind letter (dated on 10, Nov. 1927), in which you kindly gave me authorization to translate your works, I did not write to so long a time. But I have been all the time studying psychoanalysis, and now I am very glad to tell

---

1) Sagan とは Japan のまちがいであろう。

you, that I completed the translation of your work "Zur Psychopathologie des Alltagslebens", (Ges. Schriften Bd. IV), and it was recently published from "ARS" the publisher in Tokyo. So I am going to send you a copy of this Japanese translation and I hope you will receive it very soon. I am very sorry to find in this book a serious misprint and lots of petty misprints, but I presume, that you will grant this and I hope and believe that there is no mistake in translation itself. By the way I am very glad to tell you, that in this country we find so many enthusiastic readers of your works at the present time.

Permit me please to utilize this opportunity to write the following; I have a number of analyzed cases of paraphrenia, manic-depressive psychosis, dementia praecox and psychoneuroses, and I intend to ask the publication of articles on those cases after they were ready for it. I expect to go to Europe in a few years and I am very anxious to see you then, if I am permitted to do that. If I am not asking you too much, I beg you to let me study on some subject, and then take me as a pupil of yours.

    Very sincerely yours
     Kiyoyasu Marui
    Professor in Psychiatry, Tohoku
    Imperial University, Sendai, Japan

書簡 4   From Freud to Kiyoyasu Marui   Dec. 30, 1930   German
Box 37, Folder 16

                              30. XII. 1930
PROF. DR. FREUD   WIEN, IX. BERGGASSE 19

Geehrter Herr Professor

Ihre Übersetzung des "Alltagslebens" bereitet mir noch kurz vor dem Ausgang eine hocherfreuliche Überrraschung. Die Druckfehler, die Sie bedauern, können mich natürlich nicht stören. Ich habe mit Befriedigung gelesen, welch intensives Studium Sie der Psychoanalyse zugewendet haben, und bitte Sie, mir nur alles zuzuschicken, was Sie in unseren Zeitschriften veröffentlichen wollen. Ich werde die Aufnahme besorgen.

    Nun aber ein Geständnis, bei dem ich auf Ihre Nachsicht rechne. Da ich drei Jahre nichts von Ihnen gehört hatte, nahm ich an, dass Sie Ihre Absicht aufgegeben hatten. Ich sehe ein, dass ich kein Recht hatte, das zu glauben. In dieser Meinung aber habe ich einem anderen die Autorisation zur Übersetzung meiner Schriften im Frühling dieses Jahres ein zweites Mal erteilt. Es ist Dr. Zabé in Tokyo, der dort eine psychoanlytische Gesellschaft gegründet hat. Seine Adresse ist : Hippon[2] Seishin-Bunseki Gakukai; zur Sicherheit lege ich das Kuvert seines letzten Briefes bei. Zabé besuchte mich, während ich in Berlin in einem Sanatorium wohnte. Seither habe ich von ihm die Übersetzung der Schrift "Jenseits des Lustprinzips" erhalten. Der Verlag ist "Shinyoto" in Tokyo. Aus der Ankündigung ersehe ich, dass eine Gesamtausgabe beabsichtigt ist;

---

2) Hippon は Nippon であろう。

auch sollen bereits einige andere Übersetzungen erschienen sein, die ich noch nicht besitze.

Das Ganze ist unleugbar meine Schuld. Nun bitte ich Sie im Interesse der Sache aus der Verlegenheit zu helfen. Wenn Sie so freundlich sein wollen, sich mit Jabé ins Einvernehmen zu setzen, kann es vermieden werden, dass manche Bücher zweimal übersetzt werden, und wenn Sie Ihre Bemühungen mit den seinen vereinen, kann die ganze Arbeit sehr viel schneller gemacht sein. Auch wäre es sehr wünschenswert, dass Sie und Ihre Schüler mit der Gesellschaft in Tokyo Fühlung nehmen.

Indem ich Sie nochmals um Entschuldigung bitte, bin ich mit besten kollegialen Grüssen

       Ihr sehr ergebener
          Freud

書簡 5 From Kiyoyasu Marui to Freud Feb. 2, 1931 English
Box 37, Folder 16

          Sendai, 2, February, 1931

Professor Dr. Sigmund Freud,
Wien IX, Bergasse 19.

Dear Doctor,
Received your letter dated on 30 Dec. 1930 and I am very glad to realize that you received my Japanese translation of your article "Zur Psychopathologie des Alltagslebens." Permit me to take advantage of this opportunity to tell you, that following Japanese translations of your articles were undertaken

by the publisher "ARS" since the year before last, some of which are already published and some are on the way to be printed.

Studien ueber[3] Hysterie. by Dr. T. Yasuda (published)
Die Traumdeutung.　　by Mr. R. Niizeki　do.
Jenseits des Lustprinzips, Das Ich und das Es, Massenpsychologie und Ich-Analyse, Das Interesse an der Psychoanalyse　by Mr. R. Kubo　do.
Vorlesungen zur Einfuehrung[3] in die Psychoanalyse.
　　　　　　　by Dr. T. Yasuda　do.
Witz und seine Beziehung zum Unbewussten.
　　　　　　　by Dr. S. Masaki　do.
Totem und Tabu.　　by Mr. E. Seki　do.
Die Zukunft einer Illusion.
　　　　　　　by Mr. K. Kimura (not yet)
Zur Psychologie des Liebeslenbens, Metapsychologie u.s.w..　　　by Dr. R. Kimura　do.
　　　　(a pupil of mine)

I do not mind at all, that you gave authorization to translate your articles again to Mr. Yabe; it is only to be regretted, that I did not write to you for so long, a time. This is however merely due to considerable difficulty and laginess on my part to write letters in foreign language, and I hope you will forgive my fault.

I thank you very much for your kindness in being ready to offer your assistance to our original psychoanalytic articles to be accepted to psychoanalytic journals. Also I think you are so good that you advice us to be in touch with the psychoanalytic society in Tokyo; I guess it will contribute much to the prosperity of the psychoanalytic movement in this country. But I dare say that my pride in life as scientist, especially psychoanalyst, does not allow to enter in that society itself. And why not?

I am afraid that long statement below will disturb and bother you so much; but I shall be grateful, if you will be so kind as to take trouble to read it and to understand my inmost feeling. After graduation of Tokyo Imperial University and study of psychiatry in Psychiatric Clinic of Prof. Kure, I was sent by the Japanese Government to foreign lands to make further study in that branch of science; of course I wished to go to Europe, but it was just war time and I was not able to do that. So I went to America in 1916 and studied psychiatry for two and half years with Dr. Adolf Meyer in the Phipps Psychiatric Clinic, the Johns Hopkins Hospital, Baltimore Md. After the cessation of the war I travelled through England, France and Switzerland; I got opportunity to see Prof. Dr. Bleuler in Zuerich[3] with a letter of introduction of Dr. Adolf Meyer. We were not yet allowed at that time to enter your country and so I could not get the opportunity to see you, though I was very anxious to do that.

Coming home in August 1919 I settled here in Sendai as Professor in Psychiatry of the medical department, the Tohoku Imperial University, and since that time I have been all the time very much interested in psychoanalysis and tried always with my pupils to cure patients through psychoanalytic method and also to encourage the Japanese people especially those of medical circle to get knowledge of psychoanalysis. Since 1921 I and my pupils held addresses concerning the results of psychoanalytic investigation every year at the annual meetings of "The Japanese Neurological Association" held in Tokyo,

---

3) ueber, Einfuehrung, Zuerich は，よく行われるように，ドイツ語の ü の代わりに e を加えて表記している。

and other large cities in this country, some of which are already published in the Japanese medical journals. At the annual meeting of that association held here in Sendai in April 1929 I made special address on "the development of mind" on basis of psychoanalysis by the order of the association. I also lectured in the meantime many times on psychoanalysis at the meetings of medical men and in special courses for mental hygiene and for care of normal as well as destitute children. On the other hand I contributed very often articles on psychoanalysis to the newspaper and popular magazines for the purpose of enlightenment of the Japanese public. In 1925 I published a book entitled "Mental hygiene of childhood and psychoanalysis," and in 1928 again in a book, the title of which is "the psychoanalytic method, recent theories of neuroses and psychoneuroses".

At that time, when I came back from America I found no one in this country, who practices psychoanalysis and also we found very few readers of psychoanalytic literature among our country men; as you perhaps know, almost all the Japanese psychiatrists studied psychiatry in German, and no wonder they do not listen to and do not care your idea. There is only one exception in this respect at the present time I must say, because Prof. Dr. K. Kubo of the Psychiatric Clinic, the Keijo Imperial University, Chosen (Korea) began to be interested in psychoanalysis. So our clinic has been and practically is yet the only one, which devotes itself continually and systematically to the study of psychoanalysis, I believe that our clinic has been and as yet is at the head of the psychoanalytic movement in this country, and I am sure that people especially of scientific class of this country acknowledge this fact. No one will deny the fact I guess that we contributed a great deal toward the work of enlightenment of people concerning psychoanalysis. I personally do not know Mr. Yabe; he is said to have studied psychoanalysis somewhere in the United States and to have come back several years ago. Some time in the year before last Mr. J. Kikuchi in Tokyo, a friend of mine and editor of "The Brain" (a Japanese journal for mental hygiene) sent me a manuscript of a book written by Mr. Yabe, which the latter intended to publish here in this country, asking me to revise it; but owing to circumstances, which I would not like to write here, I was not able to do that at that time. Last year I got the information, that Mr. Yabe has been to Europe and coming back from there he founded "Japan Psychoanalytic Society" in Tokyo with his friends and that he has undertaken Japanese translations of your articles. Now several days ago he wrote to me; in this letter he said that he received a letter from you and asked me to be in touch with the society in Tokyo; he also said that he is anxious to see me. I answered to him that I could consider about that. In his letter described above Mr. Yabe expressed his regret and made apology for having gone to Europe and for having founded the society without telling me at all about that; but of course I do not think it has any thing to do with me.

Dear doctor! It was my long-cherished plan to be permitted to become an active member of the "International Psychoanalytical Association" and to found a society of psychoanalysts in this country; but I thought it would be a prerequisite condition for me to be analyzed by you or some other psychoanalyst to become a full member of the association; so I waited and waited for the time to come, when the Imperial Japanese Government sends me for the second time to foreign lands; and my turn is now near at hand, but I guess I shall have to wait still a year or two. I feel at present that I can not wait any longer.

Dear doctor! Will you please tell me, whether there is any way for me to get the privilege to enter the association before going to you or not; and if it would be possible, kindly tell me please the conditions required for that and also procedure to be taken in order to found a society here in Sendai (Sendai Psychoanalytical Society analogous to New York Psychoanalytical Society[4]). If I need some one to recommend me for entry in the association I believe Dr. Adolf Meyer will be the one, who is quite willing to do that for me.

Mr. Yabe told me that your 75th birthday comes on 1 May this year; to congratulate you upon this birthday I wished to send some Japanese goods as present to you; but I thought at the next moment, that it might rather give you trouble if custom duty will be levied to that goods; so I decided to send quite small sum of 150 Mark by way of foreign money order; I shall be very happy, if you kindly accept this little present.

Apologizing to you for having disturbed and bothered you so much with this long letter, I am still.

   yours very sincerely
    Prof. Dr. Kiyoyasu Marui
   Psychiatric Clinic, The Tohoku Imperial
   University, Sendai, Japan.

---

4) 先に出た英文書簡集で「Sendai Psychoanalytical Society ???」となっている所は転記のまちがいである。

書簡 6　From Freud to Kiyoyasu Marui　Mar. 15, 1931　English
Box 37, Folder 16

```
                                          March 15th 1931
PROF. DR. FREUD                    WIEN, IX. BERGGASSE 19
```

Dear Professor Marui,

Many thanks for the letter you wrote me and the present I received in money, which I will spend on the 6th of May, for some psychoanalytic interest. The more I have come to learn about your various activities in favour of the Psychoanalysis as a university teacher, physician and author, the more I regret and wonder at the fact that you never in all these years attempted to get in touch with us, to send me your translations or original contributions. If you have done so, we would have avoided all the actual complications.

When your letter arrived, Dr. Eitingon, the actual president of the I.P.A. (International Psychoanalytic Association) was with me and we discussed your wish to become a member of ours. He said, there was no doubt that you deserved it and we were glad to accept you and your followers. You ought to apply to him directly, even if you were not yet analyzed yourself. But Dr. Jabé's society had already been received, we had the rule that the groups in the same country should not work independent of each other but get united, and so he thought, the best thing for you to do, would be to create a group at Sendai and then establish a connection with Dr Jabé's group in a common organization. I realize that you are in some way sensitive to Dr. Jabé's proceeding and that your official position justifies your claim to be at the head of

the psa.[5] movement in Japan. But in the interest of
our science, I think you ought to make amends for
your formal neglect of the real situation and enter
into an agreement with Jabé. I will be especially
happy to hear you have done so, and cannot imagine
receiving a more impressive birthday present the
volume of my books, which by your care and zeal
have made their appearance in your language.

                    With kindest regards,
                              Sincerely yours,
                                        Freud

書簡 7　From Kiyoyasu Marui to Freud　Apr. 7, 1931　English
Box 37, Folder 16

                              Sendai, 7th April, 1931.

Professor Dr. Sigmund Freud
Wien XI, Bergagasse 19.

Dear Professor Freud,
Received your kind letter on March 15th, and I am
very sorry to realize that my former neglect gave
much trouble to you and also to Dr. Eitingon and
I hope heartily that you and Dr. Eitingon will
forgive my fault. I am very glad to know that you
and Dr. Eitingon are so kindly ready to receive me
in the International Psychoanalytical Association,
even though I am not yet analyzed by a certain

---

5) psa. は psychoanalytic の略である。

psychoanalyst. I am also very much pleased to realize that Dr. Eitingon is so good to think that the best thing for me to do would be to create a group here at Sendai, and then establish a connection with Mr. Yabe's group in a common organization. Now I intend to do my best to enter into an agreement with Mr. Yabe's, and I am also sure that Mr. Yabe would be willing to do that for the interest of the psychoanalysis.

Following your kind advice I wrote today a letter to Dr. Eitingon, begging him kindly to take trouble to receive us in the Association and also to help us in creating a group here in Sendai, and I beg you will kindly give my best regards to Dr. Eitingon.

I am going to send all the Japanese translations of your books already published from "ARS" and also my two publications referred to in my last letter, and I hope you will get them before 6th May.

Hoping that I shall be able to inform you something about the connection with Mr. Yabe's, I am.

    Yours quite truly,
    Kiyoyasu Marui
    Psychiatric Clinic, the Tohoku
    Imperial University, Sendai, Japan

書簡 8　From Freud to Kiyoyasu Marui　Jun. 6, 1931　English
Box 37, Folder 16

PROF. DR. FREUD

June 6th 1931
WIEN, IX. BERGGASSE 19

Dear Professor

I am happy to thank you for the books, which arrived today: vol. II, VI, VII, VIII, IX, XI of your translations and two other works which I guess are publications of yourself or your pupils. I congratulate you on the amount of work you have achieved and I trust you will arouse interest and in the end succeed.

Affectionately yours
Freud

書簡 9　From Heisaku Kosawa to Freud　Nov. 1931　German
書簡 9 には長いバージョンがあり，文中に ［　］ に入れて斜体で挿入
Box 35, Folder 34

Dr. Prof. Freud:
Hochverehrter lieber Dr. Prof. Freud; noch habe ich Sie nicht gesehen, aber doch habe ich brennende Sehnsucht, wie Sie die Christenheit nach dem heiligen Jerusalem haben, in Wien mit Ihrem grossen Geist in Berührung zu kommen; kenne ich doch Ihre Grösse, durch Lesen Ihrer für uns schwer verständlichen Arbeiten wie durch Nebel sehend.

　　Ich beschäftige mich speziell mit dem Studium von der Psychoanalyse in dem Institut für Psychiatrie, Tohoku Kaiserl. Universität unter der Leitung von Dr. Prof. Seitei Marui, der in Amerika unter der Leitnng von Dr. Prof. Adolf Meyer studiert hat. Ich bin zuweilen beim Studium Ihrer Werke niedergeschlagen—nein nicht zuweilen—doch Wort für Wort bin ich verwirrt. Aber je mehr ich in die Tiefe Ihres Wortes eindringe, je mehr gibt es in meinen Augen Tränen der Freude und des Kummers. Sie stellen den Geist mit der Sicherheit dar, wie wir in unserem Studentenleben mit Verwunderung die göttlichen Zellstrukturen unter dem Mikroskop betrachteten.

[An dem vielfachen Verhältnis zwischen Triebleben und den Aussenreizen das Ich anlegend, zeigen wir klar den Zustand, in dem das Ich die Psyche immer entwickeln lässt, wie Platin durch Katalysewirkung andere Substanzen bildet. Diese Wirkung will ich Ichkatalysewirkung oder Ichfermentwirkung nennen.]

Sie belehrten mich auch, dass Übertragung in der analytischen Therapie Schlachtfeld ist.

[Ich finde die Erkärung dieses Wortes, nachdem ich Ihre Arbeiten wiederholt las und die analytische Therapie noch ungeschickt behandelte. Weiter fand ich meine vergangene Lebenseinstellung zur Umgebung, wenn ich die Vorgänge, welche sich immer auf dem Schlachtfeld zwischen unserer jetzigen Psyche und den äusseren Reizen abspielten, überlegte die Methode, die durch Übertragung begreifen lässt, will ich die rückbezügliche Geschichte nennen.

Wie lehrte mich das Wort Wiederholungszwang, welches zuerst von Ihnen angewandt wurde, eingehende Bedeutung mir lehrte, kann ich auch nicht vollkommen den Inhalt des Wiederholungszwanges verstehen, erkenne ich doch das Bestehen des Wiederholungszwanges vollständig gleich wie die Erlösung vom Buddha.

Jetzt fühle ich den Wiederholungszwang durch die Konflikte zwischen Lebens- und Todestrieb durch die Welt, in welcher die Menschen den Wert verfolgen und die Wertlosigkeit aufgeben sollen.

So geschah es, dass Faust erstens das Leben durchkostete, Liebesleben und das des Unterhaltens, in welchem er den Wert verfolgen und die Wertlosigkeit aufheben soll, und endlich erreicht er den Zustand, in welchem Wert und Wertlosigkeit *nicht mehr in Frage kommen durch die Führung von Gretchen, welche Faust im ersten Schritt seines Liebeslebens verliess, nachdem Faust die alte heilige Ehe dadurch abtötete, dass er sich durch den Wunsch besiegen liess, das Land des Königs Faust in einem Blick zu übersehen.]*

Jetzt widme ich mich dem Lesen Ihrer Arbeiten und lese einige Neuerscheinungen von 1926—1927, Ferenczi, Abraham, Reich, Reik, Alexander, Anna Freud etc. Dabei entdecke ich dass das eingehende Studium Ihrer Arbeiten für mich Hauptbedingung ist.

Als ich las, dass Augenschmerz Kastrationskomplex bedeutet und denselben bei meinem Pat.[6] entdeckte, fand ich, woher dieser Schluss gezogen wurde, und erkannte den Sinn, wie das jap.[7] Sprichwort "durch den Schu[8] die Juck stellen kratzend".

Zum eingehenden Verständnis dieser Methode, bitte ich Sie, sehr geehrter Herr Professor, nur den Schlüssel zu geben, damit ich auf Basis derselben, meine Arbeiten bei Prof. Marui vollenden kann; Hysterische Amaurose und Zwangsneurose u.s.w.

      Ihr sehr ergebener
        Dr. Heisaku Kosawa.

Ich kann kaum die Leit erraten, bis es mir beschieden sein wird, Sir, hochverehrte Herr Professor, persönliech in Wien zu treffen und unter Ihren Leitung zu arbeiten.
(/XI-1931)

---

6) Pat. は Patienten の略である。
7) jap. は japanische の略である。
8) durch den Schu はリタイプ版で最初 Sohu とも読めたため，durch den Sohn「息子（4格）によって」なのか durch den Schuhen「靴（3格・一組を意味する複数）を通して」なのか検討し，最終的に durch den Schuh「靴（単数）を通して」となった。「隔靴掻痒」の意味と思われる。

書簡 10　From Freud to Kiyoyasu Marui　Dec. 24, 1931　English
Box 37, Folder 16

```
                                        Dec. 24th 1931
PROF. DR. FREUD              WIEN, IX. BERGGASSE 19

Dear Professor
Thanks for your letter of Nov. 31st (?) with news
about your organization and Dr. Kozawa. As regards
the first, I am sorry to hear, that you have the
same personal difficulties among your people as we
experience in European countries. Human nature, as
often has been said, seems to be the same every-
where. But I stick to the hope that you will achieve
some satisfactory agreement.
Dr. Kozawa I am ready to take under my personal
treatment, if several conditions are fulfilled,
first that I live, secondly that I have a free hour
at the time he arrives, last my prize of dollars 25
for the hour is not too high for him. In any case
I will see him and make him over to a very good
analyst, if there is any difficulty with me.
With best wishes for well-being and success
                                        Yours Freud.
```

書簡 11　From Heisaku Kosawa to Freud　Jan. 13, 1932　German
Box 35, Folder 34

```
Hochgeehrter Herr Professor!
    Da ich leider beim ersten Besuch, den ich Ihnen
abzustatten die Ehre hatte, nicht den näheren Grund
```

meines Hierseins darlegte, erlauben Sie mir, dass ich dies aus sehr wichtigen Gründen—hier schriftlich zum Ausdruck bringe. Auf Grund meiner praktischen Betätigung in Japan ist es mir wohl gelungen zur teilweisen Erkenntnis meines Selbstspotums[9] zukommen, doch ergab sich endlich eine Grenze, über die ich selbst also allein nicht hinauskam, weil in Japan kein Fachmann ist, der mich hätte analysieren können. Auf gewisse Schwierigkeiten stiess ich z.B. bei Dementia Praecox.

Weiters aber kann ich auf Grund des Studiums verschiedene psychoanlytischen Werke zur Überzeugung[10], dass nur Sie, H.H.P.[11], in der Lage, wären mir zu helfen, diese Grenze zu überschreiten.

Obwohl ich mir vollkommen bewusst war, dass ich anfangs durch die sehr mangelhafte Kenntnis des Deutsches grosse Schwierigkeiten haben würde, wollte ich meine Reise nicht lange verschieben, da es mich drängte gerade durch Sie meine Vervollkommung zu erfahren. Es mag dieses versteckte Selbstlob etwas eigentümlich klingen, doch musste ich durch Vergleich meiner vielfachen Erfolge mit den in der einschlägigen Literatur niedergelegten, zu diesem Schluss kommen.

Leider musste ich aber erkennen, dass dieser Traum nicht erfüllt werden kann, weil die gestellten finanziellen Forderungen meine sehr bescheidenen Mitteln weit übersteigen, da ich von der Regierung keine Unterstützung erhalte u. auch nicht besonder vermögend bin. Um die kostspielige Reise, aber nicht ganz zwecklos gemacht zu haben, will

---

9) Selbstspotum と原文では綴っているが，これは書簡 18 にある Selbstskotom のスペルのまちがいであろう。「分析家の盲点」を指している。書簡 9 でも，これについて触れている。
10) zur Überzeugung kommen の意味であると思われる。
11) H.H.P. は，最初の呼びかけの言葉と同じく Hochgeehrter Herr Professor の略である。

> wenigstens die Beurteilung meiner ersten selbständigen Arbeiten(Hakase-Arbeit[12]) erreichen, was in Japan leider auch nicht möglich war. Diese habe ich auf Japanisch natürlich schon fertiggestellt. Ich will sie, dann bis[13] des Deutschen besser mächtig bin, in diese Sprache übertragen.
>
> Ich bitte Sie, nun H. H. P., mir gütigst mitteilen zu wollen, ob Sie gewillt wären, diese Beurteilung seinerzeit zu übernehmen, und mir auch freundlichst bekannt zu geben, was Sie dafür verlangen würden.
>
> Nehmen Sie schliesslich meinen herzlichen Dank für die weitere Übermittelung der japanischen Karte entgegen.
>
> Mit dem Ausdruck der aller grössten Hochachtung u. Wertschätzung.
>
>   Ihr
>   sehr ergebener H. Kosawa.
>
> 13/I 1932

書簡 12　From Freud to Heisaku Kosawa　Feb. 9, 1932　English, postcard
Box 35, Folder 34

>   Febr 9th 1932
> PROF. DR. FREUD   WIEN, IX. BERGGASSE 19
>
> Dear Dr. Kosawa
> I had promised Dr. Marui to receive you and will be glad if you can call on me Thursday 11th at 8

---

12) Hakase-Arbeit と日本語の「博士」がそのまま「博士論文」(Doktorarbeit) に用いられているのでフロイトに理解できなかったかもしれない。
13) dann bis は wenn ich のことと思われる。

o'clock p.m. (after supper)
I am sure you talk English, so you need no interpreter.
>
> Sincerely yours
> Freud

書簡 13　　From Heisaku Kosawa to Freud　　Feb. 13, 1932　　German
Box 35, Folder 34

Hochgeehrter Herr Professor!
　Ich kann nicht umhin Ihnen, Hochgeehrter Herr Professor, meinen tiefsten Dank für das aussergewöhnliche Entgegenkommen auszusprechen, mir eine Vorsprache bei Ihnen gewährt zu haben.
　Ihrem freundlichen Rate folgend habe ich bereits beim Herrn Dr. Federn vorgesprochen, der mir wertvolle Hinweise bezüglich meiner Zeiteinteilung und Beschäftigung gab. Es ist selbstverständlich, dass ich vorerst meinen ganzen Eifer bei dem Studium der deutschen Sprache[14].
　Immerhin besuche ich alle 14 Tage psychoanalytische Sitzungen, die mich sehr freuen und mein Ohr an die ungewöhnte Sprache gewöhnen.

　　　　　　　　　　Ihr ergebener
　　　　　　　　　　　Heisaku Kosawa
13/II 1932

---

14) この文章は不完全で，リタイプ版には Sprache のあとに単語があった跡がある。meinen ganzen Eifer bei dem Studium der Deutschen Sprache zeigen sollte の意味と思われる。

書簡 14　From Freud to Heisaku Kosawa　Feb. 20, 1932　German
Box 35, Folder 34

```
                                        20. 2. 1932
PROF. DR. FREUD            WIEN, IX. BERGGASSE 19

Geehrter Herr Doktor
Meinen besten Dank für das schöne Bild, das mir vor
Augen führt, worüber ich soviel gelesen habe und
was mir selbst zu sehen nicht vergönnt war.
   Ich bin überzeugt, dass es Ihrer Energie bald
gelingen wird, die Schwierigkeiten Ihres Studi-
ums zu überwinden, und bitte Sie versichert zu
sein, dass wir alle hier bereit sind, Sie in Ihren
Absichten zu fördern.
                    Mit herzlichen Gruss
                                Ihr
                                    Freud
```

書簡 15　From Freud to Heisaku Kosawa　Mar. 16, 1932　German
Box35, Folder 34

```
                                        16. 3. 1932
PROF. DR. FREUD            WIEN, IX. BERGGASSE 19

Geehrter Herr Doktor
Ich habe Ihnen bereits zugesagt, dass ich Ihnen
jede mir mögliche Art der Förderung angedeihen las-
sen möchte, und bin darum gern bereit ihre Arbeit,
wenn sie in deutscher Sprache vorliegt, zu lesen
und zu beurteilen, was Ihnen selbstverständlich
keine Kosten verursachen darf.
```

Es tut mir leid, dass es Ihnen Schwierigkeiten macht, Ihre Analyse bei mir selbst durchzuführen. Ich bin noch immer an die Notwendigkeit des Gelderwerbes gebunden, aber ich würde von Ihnen anstatt $25, nur $10 verlangen.
Mit besten Wünschen
Ihr
Freud

書簡 16　From Heisaku Kosawa to Freud　(No date)　German
Box 35, Folder 35

Hochgeehrter Herr Professor!
　Ihr so freundlicher Brief hat mich mit besonderer Freude erfüllt u. ich werde mir also seinerzeit erlauben, Ihnen meine in deutscher Sprache niedergelegte Hakase-Arbeit[15] zur gütigen Beurteilung zu unterbreiten. Was Ihr so grosses Entgegenkommen betreffs der Kosten meiner Analyse anbelangt, muss ich Ihnen von Herzen danken, doch kann ich diesbezüglich leider noch keinen bestimmten Bescheid geben, da ich finanziell gänzlich von meinem Bruder abhänge und ich erst seine Wohlmeinung einholen muss.
Mit etc.[16]
Ihr sehr ergebener
H. Kosawa

15）ここでも Hakase-Arbeit と「博士論文（Dokotorarbeit）」に日本語を用いている。
16）Mit etc. は何らかの挨拶の言葉と思われる。

書簡 17　From Freud to Kenji Ohtsuki　Jun. 16, 1932　German
Box 38, Folder 4
早稲田大学中央図書館所蔵

```
                                        16. 6. 1932
PROF. DR. FREUD            WIEN, IX. BERGGASSE 19

Lieber Herr Ohtski[17)]
Ich habe mit grosser Befriedigung Ihre Sendung zwei
Bücher, Zeitung und kleine Photographie erhalten.
Gerne hätte ich Ihre Darstellung der Psychoanalyse
selbst kennen lernen wollen, aber das ist unmög-
lich.
Was den Gegenstand betrifft, den Sie von unserem
Verlag erwartet u[18)] nicht erhalten haben, so habe
ich dort anfragen lassen, um was es sich handelt.
Wenn möglich wird die Sendung wiederholt werden.
Mit vielem Dank für Ihre Bemühungen und freundli-
chen Wünschen
                                               Ihr
                                             Freud
```

書簡 18　From Heisaku Kosawa to Freud　Jul. 1932　German
Box 35, Folder 34

```
Sehr geehrter Herr Professor!
    Ihr liebenswürdiger Brief hat mir eine beson-
```

---

17) フロイトがすでに Lieber（親愛なる）という親しい呼びかけのことばを用いている。両者にこれまでやりとりがあったことが伺われる。
18) u は und である。他所で u. とされている場合もある。

PROF. DR. FREUD WIEN, IX., BERGGASSE 19

16. 6. 1932

Lieber Herr Ohtski

Ich habe mit grosser Befriedigung Ihre Sendung zwei Bücher, Zeitung und kleine Photographie erhalten. Gerne hätte ich Ihre Darstellung der Psychoanalyse selbst kennen lernen wollen aber das ist leider unmöglich.
Was den Gegenstand betrifft den Sie von unserem Verlag erwartet u nicht erhalten haben, so habe ich dort anfragen lassen um was es sich handelte. Wenn möglich, wird die Sendung wiederholt werden.
Mit vielem Dank für Ihre Bemühungen und freundlichen Wünschen Ihr

Freud

dere Freude bereitet u. ich danke Ihnen vielmals für denselben.

Ich bitte meinen Freimut zu entschuldigen, wenn ich Sie damit belästige, noch weitere meiner kleinen Übersetzungen nach Ihrem Landsitz schicken zu dürfen.

Ich stehe bezüglich der Psychoanlyse auf einem schweren Standpunkte, da ich in Japan eigentlich auf mich selbst angewiesen war.

Bezüglich des Azase-Komplexes, welcher in der überreichten Arbeit angeführt ist, bemerke ich, dass er in dieser noch nicht erschöpfend behandelt ist. Ich wäre Ihnen sehr verbunden, wenn ich aber schon über das Bisherige Ihr Urteil hören könnte, um mich danach richten zu können. Dies bezüglich, da der genannte Komplex nur in Umrissen wieder gegeben ist, könnte ich mit weiterem Material dienen, um einen besseren Überblick zu ermöglichen.

Bei dieser Gelegenheit möchte ich die grundsetzlichen Fragen anführen, die mir in der Praxis unterkamen:

Im Anfange meiner psychoanalytischen Praxis habe ich die Whitesche Methode (unter der Leitung des Herrn Professor Marui angewendet u. ich hatte damit in leichteren Fällen auch Erfolge. Aber bei etwas schwereren Fällen (z. B. Zwangsneurose) versagte diese Methode. Daher kamen mir über die Anwendbarkeit dieser Methode Zweifel und drängte sich mir die Frage auf: was ist eigentlich "Freie" Assoziation? Ich las hierüber in Ihren Schriften u. ich fand endlich in einer Abhandlung (zur Technik der Psychoanalyse) die Definition derselben. Bei Anwendung Ihrer freien Assoziation habe ich stets gute Erfolge erzielt. Doch fand ich, dass bei leichteren Fällen (Schizophrenie)[19] die freie Assoziation teilweise versagte. Damals dachte ich daran, dass alle Analytiker immer betonen, dass zur endlichen Heilung die Heilkräfte des Kranken, d. h. dessen Wunsch nach Genesung als ein Hauptfaktor zu betrachten sind. Es darf natürlich nicht auch das Selbstskotom[20] des Analytikers nicht[21] ausser Acht gelassen werden. Doch wird gerade diesem Punkte nur ein relativ geringerer Wert beigemessen. Ich habe aber die Erfahrung gemacht, dass wenn z.B. der Analytiker einen Liebeskonflikt gut löste, er sich dies bezüglich ohne Schuld fühlte u. deshalb auch einen solchen Konflikt des Patienten nicht gelöst hatte, so reagierte auch der Patient auf "Schuld"[22].

Ich selbst habe diese innerlichen Liebeskonflikten in mir durch meine Praxis gelöst, doch kann ich den sadistischen Konflikt, trotz aller meiner Bemühungen nicht von selbst lösen. Nach der neuesten Psychoanalytischen Ansicht haben Patienten mit Dementia praecox den stärksten Sadismus. Bei solchen Kranken ist die Demenz ein sich diesen Sadismus anpassender Mechanismus. *[Damals habe ich den Azase-Komplex gefunden]*[23].

Würde ich durch Herrn Professor analysiert werden, Konfliktes Herr zu werden. Es scheint mir eben die Lösung des Selbstskotoms für jeden Analytiker, daher auch für mich, als das zu erstrebende Hauptproblem.

Mit dem Ausdrucke der grössten Hochachtung und Ehrerbietung

---

19) leichteren Fällen (Schizophrenie)「軽い症例（統合失調症）」は schweren Fällen (Schizophrenie)「重い症例（統合失調症）」のまちがいかもしれない。
20) ここにも das Selbstskotom「自身の盲点」が登場する。
21) この文章には nicht が2カ所あり最初の nicht は不要である。
22) その後の文章では，愛情の葛藤に関する罪悪感について，ドイツ語では古澤の論点はあまり明確ではない。患者は分析家の罪悪感に反応するのか，自分の罪悪感に反応するのか，どちらなのかはっきりしない。
23) 書簡18のもうひとつの版では，この [ ] の文章「当時私は阿闍世コンプレックスを発見しました」がある。

```
                                    Ihr
                              ergebenst H. Kozawa
   /VII. 1932
```

書簡 19 From Freud to Heisaku Kosawa Jul. 30, 1932 German
Box 35, Folder 34

```
                                      30. 7. 1932
   PROF. DR. FREUD           WIEN, IX. BERGGASSE 19

     Geehrter Herr Doktor
   Ich habe Ihren Aufsatz erhalten, gelesen und bewahre
   ihn auf. Eine unmittelbare Verwendung desselben
   scheinen Sie ja nicht zu beabsichtigen.
                       Ihr ergebener
                              Freud
```

書簡 20 From Freud to Kenji Ohtsuki Dec. 26, 1932 German
早稲田大学中央図書館所蔵

```
                                      26. 12. 1932
   PROF. DR. FREUD           WIEN, IX. BERGGASSE 19

   Sehr geehrter Herr Ohtsuki
   Dank für den neuen Band "Technik"! Ich freue mich
   jedesmal, wenn mein Blick auf die japanische Bände
   fällt über die weite Reise, die die Psychoanalyse
   bereits gemacht hat, obwohl ich diese Reise nicht
```

einmal in der Lektüre mitmachen kann.
Ich besitze jetzt <u>fünf</u> Bände Ihrer Ausgaben, weiß nicht,ob es alles sind.
Also außer dem letzten (Thechnik)?
2) als Bd. III bezeichnet; Jenseits d. Lustpri.
3) Liebesleben u.a.
4) Gesellschaft, Religion, Kultur von Ihnen und Hasegawa
5) als Bd. IV bezeichnet Kunst und Literatur
Es ist also so gut wie sicher, daß nicht alle Bände in meine Hände gelangt sind, und ich bitte Sie jetzt mir die fehlenden zu schicken. Ich habe Auftrag gegeben, Ihnen die eben erscheinenen "Traum Vorlesungen" an Ihre persönliche Adresse zu schicken. Ihre Märchendeutung wird gewiß den Inhalt einer Publikation bilden.
Mit herzlichen Dank
Ihr Freud

書簡 21 From Freud to Heisaku Kosawa　Aug. 24, 1933　German, postcard
英文書簡集 20

Wien 24. 8. 1933

Dank für Ihren Brief und das reizende Kinderbild.
Mit besten Wünschen
Freud

書簡20（早稲田大学中央図書館所蔵）-1

daß noch alle Bände in meinen
Hände gelangt sind, und ich
bitte Sie sehr mir die fehl
enden zu schicken. Ich habe
Auftrag gegeben Ihnen
die neuerscheinenden
Neuen Vorlesungen an
Ihre persönliche Adresse
zu schicken.
Ihre Märchendeutung wird
gewiß den Inhalt einer
Publikation bilden.
Mit herzlichem Dank
Ihr Freud

書簡 22　From Kenji Ohtsuki to Freud　May, 26, 1935　English
早稲田大学中央図書館所蔵

Dear Sir

I don't hear from you long time since. You are very well and active, I believe. Your single letter encourages all of our members, so write me sometimes, please.

I am sending you our journal regularly, and I hope they are reaching you in due course. Though our journal, together with psychoanalysis itself, is flourishing by and by, yet the general resistance in our country against the science is so strong and deep rooted, that our journal is not yet paying. It is partly because of the kind of our language, owing to which the circulation thereof is so limited.

I have lately published a book, entitled the "Seishinbunseki Zakko," (or die "psychoanalytische Miszellaneen,") a copy of which I am sending you herewith under separate package, and wish you will kindly count it as one of the world many literatures concerning our science.

      I ever remain,
        Your sincerely,
         Kenji Ohtsuki

書簡 23　From Freud to Kenji Ohtsuki　Jun. 20, 1935　English
英文書簡集 21
Box 38, Folder 4
早稲田大学中央図書館所蔵

```
                                          June 20th 1935
PROF. DR. FREUD              WIEN, IX. BERGGASSE 19

    Dear Mr. Ohtski
I do get your journal regularly and received your
book the title of which you translate as "Psycho-
analytische Miszellancen" tantalyzed in both cases
by the impossibility of making out what ought to be
a very interesting content. What you write about
the resistance in your country is no surprise to me;
it is just as we may have expected, but I am sure
you have given Psychoanalysis a solid foundation in
Japan, which is not likely to be swept away.
I am sorry I am so old an invalid now or I would
have grasped an opportunity to come over and have a
nice talk with all of my dear friends in Japan.

                             With kind regards
                                yours sincerely
                                     Freud
```

PROF. DR. FREUD
June 25th 1935
WIEN IX., BERGGASSE 19

Dear Mr Ohtski

I do get your Journal regularly and I received your book the title of which you translate as "Psychoanalytische Miszellaneen", tantalized in both cases by the impossibility of making out what ought to be a very interesting content. What you write about the resistance in your country is no surprise to me; it is just as we may have expected, but I am sure you have given Psychoanalysis a solid foundation in Japan, which is not likely to be swept away. I am sorry I am so old and invalid now or I would have grasped an opportunity to come over and have a nice talk with all of my dear friends in Japan.

With kind regards
yours sincerely
Freud

書簡23（早稲田大学中央図書館所蔵）

書簡 24   From Freud to Heisaku Kosawa   Jul. 2, 1935   German
英文書簡集 22
Box 35, Folder 35

```
                                        2. Juli 1935
PROF, DR. FREUD           WIEN, IX. BERGGASSE 19

  Lieber Herr Doktor
Ich freue mich sehr zu hören, dass Sie mit Ihrer
ärztlichen Tätigkeit so zufrieden sind und dass
Ihre Begeisterung für die Psychoanalyse anhält.
Eine solche Gesinnung ist die Garantie des weiteren
Erfolgs.
  Ihr Arbeitszimmer macht einen ganz europäischen
Eindruck. Nur die Pflanze im Hintergrund scheint
japanisch zu sein.
  Eine Photographie werde ich Ihnen durch unseren
Verlag schicken lassen.
                       Mit besten Grüssen
                                       Ihr
                                          Freud
```

書簡 25   From Freud to Kenji Ohtsuki   Jul. 30, 1935   German, postcard
早稲田大学中央図書館所蔵

```
                                      Wien 30.7.35
Bestätige dankend den Empfang Ihrer "Einführung in
die Psychoanalyse"
                                          Freud
```

書簡25（早稲田大学中央図書館所蔵）オモテ

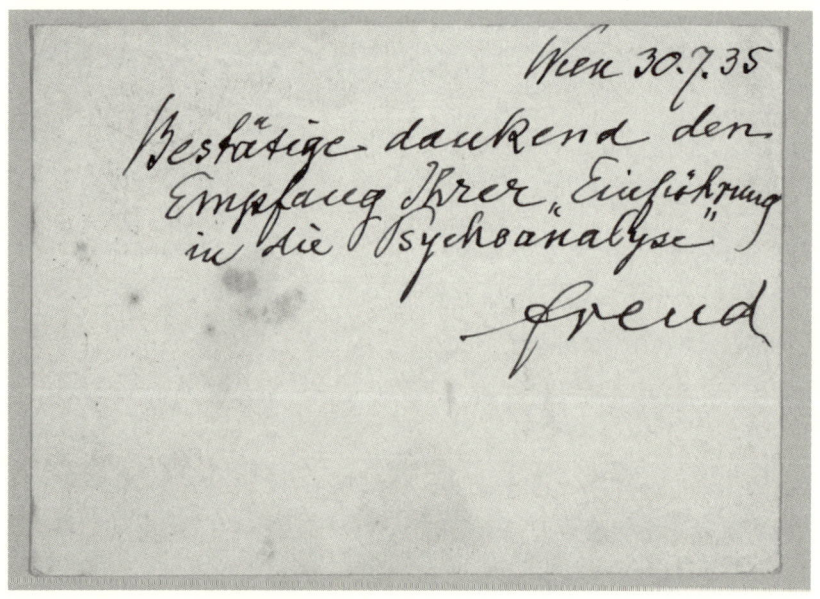

書簡25（早稲田大学中央図書館所蔵）ウラ

書簡 26　From Freud to Kenji Ohtsuki　Mar. 27, 1937　German

英文書簡集 23

Box 38, Folder 4

早稲田大学中央図書館所蔵

```
                                        27. 3. 1937
PROF. DR. FREUD           Wien, IX. Berggasse 19

    Lieber Herr Ohtski
Ihre letzte Sendung brachte mir mehrere angenehme
Überraschungen. Ich freue mich sehr zu hören dass
Sie die Vollendung der Übersetzungen in Angriff
nehmen wollen. Wegen der Übersetzungsrechte wol-
len Sie sich mit unserem Verlag IX Berggasee 7
verständigen. Die Medaille finde ich künstlerisch
sehr hübsch der Kopf ist meinem nicht sehr ähnlich,
aber wenigstens schöner als mein eigener und die
Ähnlichkeit spielt weiter keine Rolle. Es würde uns
interessieren zu erfahren, wer der Prinz ist, der
den Preis gestiftet hat und wie er dazu komt[24].
Bei den Publikationen, die wir von Ihrer Seite
erhalten, bedauern wir natürlich jedesmal, dass
wir so unwissend bleiben müssen, was sie enthalten.
Es ist derzeit kein Japaner bei uns in Wien, den
wir um eine Übersetzung bitten könnten. Würden Sie
selbst nicht einige Übersetzungen übermitteln kön-
nen, damit wir in die Lage kommen, Ihre Arbeiten zu
würdigen. Wir würden sie bereitwillig in unseren
Journalen abdrucken. Mit Dank u herzlichem
                Gruss          Ihr
                                    Freud
```

24) フロイトは kommt のかわりに komt と書き，m の上に - をつけている。この書簡では，"，"や"．"が不明なところもあるが，原版のまま再生している。

書簡26（早稲田大学中央図書館所蔵）

書簡 27　From Kenji Ohtsuki to Freud　Jul. 16, 1938　English
英文書簡集 24
Box 38, Folder 4

Tokio, July 16, 1938

Prof. Dr. Sigm. Freud

Dear Sir

　I am very sorry to know that you have had to leave Wien, where your formerly life have been so deeply rooted. Since the incorporation of Austria into Germany, your fate was for me an object of constant anxiety, and I asked thereof Dr. E. Berger and Dr. L. Jekels, and the former wrote to me in return about two weeks ago, and informed of you and of himself. At any rate it is my consolation that you are in good health and safely, and now living in London peacefully, I hope.
　About the future of our science I should like to hear of your opinion and of any plan I suppose you should be now entertaining.
　In our country, there is quite no political oppression on our science and college, and our journal is experiencing by and by a very healthy development.
　Hoping your health and happiness
　　　　　　　　I remain ever yours sincerely
　　　　　　　　　　　　　Kenji Ohtski

書簡 28（付録 1） **From Kiyoyasu Marui to Eissler　Dec. 8, 1952**　English
邦訳書簡集付録（書簡 28），英文書簡集 25
Box 37, Folder 16

```
                                    Hirosaki, Dec. 8th, 1952

K.R. Eissler
Secretary of the Sigmund Freud Archives. Inc.
285 Central Park West, New York 24, N.Y.

Dear Doctor Eissler:
   In reply to your letter (Nov. 13, 1952) I am
sending here copies of letters from Prof. Freud and
also copies of letters, which I have written to
him. As I am anxious to keep the original letters
of Prof. Freud I will send photostatic copies of
them later to you.
   -------------------------------------------
   I had personal contact with Prof. Freud only
once. During my stay in Vienna I visited him on some
day (I am sorry I do not remember the date exactly)
in August, 1933. At that time he was recuperating
his health after the surgical operation (resection
of maxilla) at a villa in the suburbs of Vienna. I
was led to his bedside; Miss Anna Freud was nursing
his father. Prof. Freud was very glad to see me; he
stretched his right arm and shook hand with me. He
seemed to be deeply moved; I noticed even his eyes
glistened with tears. He treated me as though I
were his bosom friend of long standing. He tried to
speak with smile and cordiality; but his voice was
not loud enough and came through his nose, so that
I could hardly catch what he says. So we spoke each
other through the interpreter, Miss Anna Freud. Our
interview did not last long; considering the situ-
```

ation of Prof. Freud I said good-bye to him after 10 minutes or so; but his friendliness and cordial attitude left a deep impression in my mind, which I can never forget.
    Yours very sincerely
        Kiyoyasu Marui
        President, Hirosaki University, President.
        Sendai Psychoanalytical Association

書簡29（付録2）　From Anna Freud to Kenji Ohtsuki　Nov. 5, 1939　English
早稲田大学中央図書館所蔵

                    20. MARESFIELD GARDENS.
                    LONDON.N.W.3.
                    5.11.39.
Mr. Kenji. Ohtski.
Dear Sir,
    I regret to confirm that this time the bad reports in the papers are true.
My father died on September 23rd after a very painful illness.
But he was unchanged, clear and courageous up to the very end.
When he knew that his illness could not be cured any more, he was content to die.
    I thank you and the members of your institute for your sympathy.
        Yours sincerely
            Anna Freud

書簡30（付録3）　From Freud to Yaekichi Yabe　Nov. 25, 1930　English
「フロイド先生会見記」『フロイド精神分析学全集 性欲論・禁制論』所収, 春陽堂, 1931

```
                                  November 25th 1930
Dear Mr. Yabe
    Many thanks for sending me the welcome picture
of your group showing the sympathetic faces of
our new friend and the report of your activities
mentioned in your letter.
    I am especially rejoicing in learnung25) how
assiduously you have pushed forward. The work of
translation, "Beyond the Pleasure Principle," I
already possess; now I expect to get soon the other
books you have brought out.
    With the sincerest, though egotistical, wishes
for your success,
                                  your affectionate
                                        Frued
```

書簡31（付録4）　From Kenji Ohtsuki to Freud　Mar. 23, 1936　English
早稲田大学中央図書館所蔵

```
                                  Tokio, March 23, 1936
Dear Sir,
    Since I last received your letter of __ __, it
has elapsed already half an year. You are as yet
very well and active, I hope.
    Of Late I have let two publishers issue two
```

---

25) learnung 原典のスペルのまま。learning かもしれない。

different kinds of books on psychoanalysis; the one entitled "Die Psychoanalyse und das menschliche Leben" and the other "Verschiedene Beiträge zur Psychoanalyse".
　Two copies of the works each, I am sending herewith under separate package, and hope they will reach you in due course and may find some satisfaction in you.
　If I am not asking you too much, I would like to solicit you to send me a copy of your latest picture, and if possible, one taken together with Miss Anna Freud? The Readers of our journal are very eager to see you both.
　　　　　　　　　　I remain yours truly
　　　　　　　　　　　　Kenji Ohtski

書簡 32（付録 5）　From Kenji Ohtsuki to Freud　Mar. 3, 1937　English
早稲田大学中央図書館所蔵

　　　　　　　　　　　　Tokio, March 3, 1937
Dear Sir
　I have the pleasure of sending you under separate cover a copy of Prince Iwakura's Freud-Prize-Medal, which I hope will interest you. The prize has been given to the contributor of the best article during the last year.
　Under another cover I have send you several publications connected with myself.
Among them you will find a pamphlet showing the contents of our translations of Freuds collected works, We have, as you know, done ten vols already (published from the Shunyodo Press), and now I am starting to complete the work with additional ten

more vols. When they shall be completed, therefore, the whole work shall consist of 20 vols. I hope you will kindly confer me with the translation rights, and let me have the honor of doing this great work.

                              Yours very sincerely
                                   Kenji Ohtski
P.S. When you are so good to write me in return please do it in your own language.

© 2011 The Estate of A W Freud et al,
by arrangement with Paterson Marsh Ltd., London

訳者あとがき

　現代では，電子メールで瞬時にヨーロッパの人とコミュニケーションを取ることができる。また，テレビやインターネットで，家にいながらさまざまな国や地域の画像を見ることができる。まるで，すぐそこにあるかのように彼の場所が感じられ，距離感がない。しかし，それは，本当に言語・文化・風土の違い，人間の生き方の違いを実体験することを意味しているだろうか。
　日本に精神分析を導入しようとした先駆者たちは，習い覚えた外国語でフロイトの本を読み解き，その世界に近づこうと情熱を傾けた。それは明治維新以来の，欧米の文化に追いつき，新しい学問や考え方を日本に取り入れようとする大きなうねりのなかにあったのであろう。ここに掲げた書簡からは，わずかしか情報のないヨーロッパの遠い世界に憧れ，そこに近づく夢を実現しつつ，苦闘した人々の物語が読み取れるように思われる。
　丸井清泰の最初の手紙が1927年，昭和2年であるから，フロイトとの手紙の交流は多くは昭和初期になされたということができる。外国語でフロイトと実際にやり取りをすることはどんなに心の踊ることであったろうか。手紙の何通かは3週間以内で返事が書かれており，郵便制度がある程度確実に機能していたことがわかる。海を越え遠い大陸を経て手紙が届くのを願う気持ち，返事を待ち，手にした時の喜びなど，今とは想像もつかないほどの期待と時間の流れがあったであろう。
　古澤平作は，フロイトのドイツ語の原著から「霧のむこうに見るかのように」難しい思想を理解しようと努め，「聖地エルサレムを思う」キリスト教徒のようにウィーンのフロイトに出会うことを熱望し（直訳すれば「燃えるように憧れ」）ていた。もっとも，フロイトはユダヤ人でありキリスト教徒ではなかったが。それは，おそらく人生のすべてを賭けるに値するような大きさのものであったに違いない。純粋に心の中を探求したいという熱意が，大きな賭けをするかのように，日本から海を越えて外へ出るという大冒険につながった。
　しかし，日本でのドイツ語の学習は，おそらく読んだり書いたりすることが中心であったろう。フロイトへの旅は，実際にウィーンに行って，いざ生活し，話し聞くことを通して分析を受けようという段階になったら，大きな困難に出会うことになったのではないだろうか。現在でも初めて外国に一人で行き，行動するときの困

難さ，コミュニケーションの難しさは誰しも経験するところである。ウィーンに滞在中の古澤の手紙のなかに，「ドイツ語がもっとできるようになったら」という表現が何度も出てくるが，実際にまったく文化やシステムの違う生活空間に行き，話し言葉をやりとりするのは，現在よりはるかに大変だったに違いない。限られた滞在期間のなかで，何らかの目的を達成しなければと願う留学生にとって，言葉と文化の壁が大きく立ちはだかったことをまさに伝えてくれているだろう。

このような先人たちの心の軌跡を残してくれている日本人とフロイトとの書簡を北山修先生と共に訳したのは，2004 日本精神分析学会第 50 回記念大会の際が最初である。その後英文書簡集 (2010) を経て，今回はもう一度日本語訳文を見直した。さらに，発見された新しい資料を加えている。そして今回は書簡のドイツ語・英語原文も掲載した。この原文は，すでに記述されているように，ワシントンに保管されていたリタイプ版が主となっている。これをワードに起してデータ化した。その際には，年月日や冒頭の名前の呼びかけの位置，段落初めの字下がり，最後の挨拶語句や名前の位置をもなるべくリタイプ版と同じに再現するようにした。さらに原文を損ねない範囲で細かい誤字・脱字等のまちがいは修正し，必要な所に "，"（カンマ）などを挿入した。なおドイツ語の β（エスツェット）はすでにリタイプ版で ss とされており，そのまま再生した。

フロイトは，早稲田大学中央図書館に残っている書簡やリタイプ版からわかるように，多くの場合，自家用に称号・名前と住所が印刷された便箋を用いており，日付はその住所の上にまず書くのが習慣だったようだ。

これらのドイツ語と英語の書簡を日付の順番に並べていて，いくつか気づいたことがある。単純なことといえばそれまでだが，一般にドイツ語では手紙の冒頭，右側に日・月・年の順序で日付を書くが，英語では，月・日・年の順序となる。フロイトは 1931 年の手紙では，両者を区別していたようだ。1939 年にアンナ・フロイトが大槻あてに書いた英語の手紙では，まだドイツ語の習慣が残っていたためか，日・月・年の順序になっている。

また，最初の敬称での呼びかけには，ドイツ語では Prof.（教授）の前に Herr（英語の Mr. にあたる）を入れるが，英語では入れない。この雰囲気を出すためにドイツ語の書簡では「…教授殿」と訳した。しかし全体には，当時の目上の人に対する敬意のあらわし方を，現代のわかりやすく比較的平等な言語の用い方に移すようにした。

古澤がドイツ語を書いた場合の原文のなかには，現在普通にドイツ語を習ったり

使ったりするときにはあまり使われない表現（慣用句や言葉のいいまわし）もあったが，それらのいくつかは，当時オーストリアで用いられていた可能性があることが確認されたので，なるべくそのまま残した。また，文法上，不明な点もあったが，意味がつかめる場合には，なるべくそのままにし，必要な場合は注で補った。

　さらに，フロイトの書簡に出てくる die Wissenschaft というドイツ語は，たとえば「学問が遠い距離を越えて我々一つに結ぶことは，人生において僅かな素晴らしい出来事に属するものです」というように，その語感から「学問」という訳語をあてた。一方，日本人の書簡にみられる science は「科学」と訳している。

　フロイトの文章には，ところどころにユーモアが感じられる。いくつかの書簡からは翻訳権のトラブルが生じ，互いの思いがドラマチックに伝わる展開がみられる。しかし，フロイトはおおむね日本人の活動に対してとても好意的で，いつも喜んでいるようである。ウィーンをとりまいていた社会的状況を思えば，遠い異国での精神分析の発展は願ってもないことであったのだろう。日本で出版された訳本は全部送ってほしいと書き，「一緒に読めないのは残念」といっている。

　これらの書簡を通じ，日本人がそれぞれの立場でフロイトとどのような人間的な交流を結んでいたのか，読み取っていただければ幸いである。

　なお，翻訳に際しては，田島加奈子先生に貴重なご助言をいただいたので，深く感謝したい。

　　2011年3月
　　　大地震の報にヨーロッパの人々の励ましを受けながら

　　　　　　　　　　　　　　　　　　　　　　　　　　　　　井口由子

第二部
精神分析的エッセイ「精神分析への抵抗」

1. 黎明期，日本人はどのように精神分析にアプローチし「抵抗」したのか

1. はじめに

　欧米以外の国で，日本人ほど早くからフロイトとその精神分析にアプローチした民族はない。私は数年前，その取り入れの様子を示す興味深い歴史的資料を翻訳したが，本書第一部にはそのさらに詳しい資料内容と解説が掲載されている。そこで訳出されたジークムント・フロイトと日本人との書簡の大部分は，米国ワシントンの国会図書館から入手したリタイプやコピーをもとにしたものである。

　本稿では，それを参考にして，80年前に日本人がどのようにして精神分析，とくにフロイトにアプローチし「抵抗」したのかを考えてみたい。もちろんここで活用するのは，米国の国会図書館のものではない資料も含みたい。また，文中 Diary と記したのは，*The Diary of Sigmund Freud 1929–1939* のことである。

2. 矢部の「書物」

　日本人が精神分析の訓練を受けたのは，1930年の矢部八重吉が最初だ。しかし，残存する書簡に限るなら，フロイトと日本人とのやりとりは，1927年，東北帝国大学医学部精神病学講座教授の丸井清泰が書簡でフロイトに著作の出版許可を得ようとしたことから始まる。書簡2（1927年11月10日）はそれへのフロイトからの返事であるが，ここでフロイトは，日本での精神分析の受け入れられ方に関心を示し，出版許可を与えている。一部引用するなら，

　　「私は分析学が日本にどのように受け入れられるのか喜んで知りたいと思います。もし私が生きて見聞きさえするのであれば。貴方が翻訳したいと思う物すべてに対して，私の認可を与えます。」

　そして，その2年後，鉄道省のために働いていた心理学者・矢部八重吉が1929年に国際精神分析協会 International Psychoanalytical Association（通例 IPA と略記）に連絡をとった。翌年国費留学生としてロンドンで矢部はエドワード・グラヴァー Edward Glover から20回の分析セッションを受け，アーネスト・ジョーンズ Ernest Jones から講義を受けた。5月2日には，矢部からもたらされた「快感原則をこえて」の日本語訳が，IPA のマックス・アイティンゴン Max Eitingon を通してフロイトに送られる（*Diary*）。
　そして，矢部はロンドンからの帰路，1930年5月7日夜アイティンゴンと共にベルリンにいたフロイトを訪ね，1時間以上話しあって深夜に別れている。話は訳されたばかりの「快感原則をこえて」の難解さに及び，矢部は「死の本能」論が仏教に通じるところがあり日本人には理解が容易であると述べ，フロイトは大変喜びそれで隣室にいたアンナを呼んで共に談笑したという。この直後に分析家としての資格を受けた矢部は次のように書いている。

「私は［訓練分析は］3カ月位では駄目だと言われる事は始めから分ってはいたが，自分は書物に就いては相当の研鑽を既に経た心算であるし，それ位の時日で何とか目鼻が付くようなれるであろうとの見当は，僭越ながら付いていたのである。」

そして，「帰朝後，自分は同志と共に日本精神分析学会を組織し，また東京市内に分析室を設けて一般の診療に応じることにした」（「フロイド先生会見記」『フロイド精神分析学全集第五巻：性欲論・禁制論』所収，春陽堂，1931）。

同書には，1930年11月25日付けのフロイトから矢部への書簡が掲載され，矢部のグループが活動し始めたことと，「快感原則をこえて」の訳書を受け取ったことを喜ぶフロイトの英文が掲載されている（書簡30）。記録では，実践の場として，矢部は東京の大井に「国際精神分析学会日本支部分析寮」を開いている（「精神分析」2巻1号，1934）。

1931年の公報 Bulletin によれば，東京の矢部のグループは暫定的に IPA への加入が認められ，次の国際学会で承認の予定であることが報じられている（Freud, A. 1931）。この後，アンナ・フロイトは以下のように報告し，矢部を絶賛している。

「彼らは，フロイトの著作を翻訳しているところであり，精神分析の理論と技法の綿密な研究のために集まり，一般市民にはその知識を講義のコースや私がここに言及した翻訳という手段で広めるべくあらゆる努力をつくしている。1930年の春，矢部氏はアーネスト・ジョーンズと勉強するために英国に数カ月滞在し，その後ベルリンにいた私を尋ねてきた。彼らは私たちの両方に，特筆すべき程の好もしくて満足すべき印象を与えている。彼は，驚くべきやり方で，私たちの実践と研究の主要なセンターからこれほどまで遠く離れたところであっても，精神分析の理論と実施を並外れた程度にまでマスターすることが可能であることを示したのである。」（Freud, A. 1933）

1931年の報告に挙げられた日本人の名前を見るなら矢部が会長で、メンバーは大槻憲二（後にリストから消えている）を入れて6人である。行われた訓練の内容は不明だが、「ジョーンズは彼らに、グループを小さくそしてクオリティの高いものに保つよう、そして二人のメンバーを分析を受けるためにヨーロッパに派遣するよう助言している」（*Diary*）と記されている。大槻の「精神分析」に掲げられたメンバーや活動の内容（本書46頁）を見るなら日本側の研究会のメンバーと、資格を持った分析家の区別がはっきりせず、組織は大きくなり、ジョーンズの助言にも従っていないようである。

今から考えるなら、矢部の「書物」や「勉強」は、十分な精神分析を受けなくとも何とかなるという、精神分析の訓練に対する「日本人の抵抗」の一つを示すものだと解釈できるだろう。そして以下に見るように、書簡集に示されたフロイトの書物をめぐる翻訳権争いこそが日本の精神分析を分裂させるきっかけとなった。

3. 丸井の誇り

矢部が精神分析家の資格を取り、日本精神分析学会を設立した頃、数年間フロイトに連絡しなかった丸井は12月13日にフロイトの著作の翻訳が完成を伝える手紙を書いた（書簡3）。日本におけるこの二重の翻訳に対して、1930年12月30日に、フロイトは謝罪の手紙を書いている（書簡4）。

> 「すべて私に責任があることは否めません。今私は貴方にこの件に関して困った状態からお助けいただくことをお願いします。どうぞ矢部氏と話をつけて、幾つかの本が二重に翻訳されないようにしてください。貴方のご尽力で彼と合意できれば、すべての仕事をかなり早く行うことができます。願わくば、貴方と貴方の教え子が、東京の学会とも接触され

ますように。」

　両者の出会いを望むフロイトの願いにも関わらず，フロイトの翻訳と研究のための2つのグループは合併されなかった。その結果，ジョーンズに宛てた1931年1月4日付書簡で，二種類の翻訳を連続して受け取り，混乱confusedしているとフロイトは書いている（*Diary*）。こうなったのは，初期から互いに知らずに作業を進めてしまったためと，矢部が謝罪して接近して来たにも関わらず，以下のように丸井教授が「プライド」（書簡5）ゆえに参加を断ったからである。

　「我々のオリジナルな精神分析論文の精神分析誌への受け入れを援助していただけるとのお申し出，貴方のご親切に大変感謝いたします。また，適切にも東京の精神分析学会と接触をはかるようにとのアドバイスをいただきました。それはこの国の精神分析運動の繁栄に寄与するものであろうと推察します。しかし，敢えて私の学者としての，とくに精神分析家としての人生のプライドがその学会自体に入ることを許さないということを申しあげます。」（下線筆者）

　この書簡5の後半では，丸井が精神科医として実にアカデミックな経歴の持ち主であることが強調されている。また，これにはプレゼントが添えられていたらしいが，これは当時の寄付集めに対してのものかもしれない。書簡6でもフロイトは遺憾の意を表明しているが，矢部を含む文系・心理系の東京グループと丸井の医学系仙台グループ2つのグループの統合は実現しなかった。在野の研究者であるサイコロジストに対する帝国大学医学部教授の誇りは高く，フロイトの提案に対する丸井の「抵抗」はまたも強かったと言えるだろう。このサイコロジストへの医者の反応は世界的に見ても珍しいものではないが，フロイトの方がそこを差別しない方針を主張していることになるのだ。

4. 古澤にとってのフロイト

　日本の精神分析のパイオニアたちの三番手で，丸井教授の教室に所属していた精神科医・古澤平作は1932年1月26日からウィーンに滞在し，フロイトを訪問するが，以下はその直前の手紙である。フロイトに対して古澤は，資金の不足を述べ，論文を読んで「価値判断」をしてもらうこと依頼している（書簡11）。

> 「残念ながら私は，この夢はかなえられないと認識しなければなりませんでした。なぜなら設定された経済的な条件は私の僅かな資金を遥かに超えています。私は政府からの援助を受けていませんし，また特に裕福でもないからです。
> 　このお金のかかる旅行をまったく目的の無いものにしないために，少なくとも私の最初の独自の論文（博士論文）の，日本では残念ながら不可能であった価値判断をしていただきたいのです。」

　これに対して，書簡15で，論文の価値判断は無料で行い，精神分析セッションの値段を下げようとするフロイトは実に前向きである。

> 「すでに貴方にお約束したように，私は貴方に私にできるどんな種類の援助もしてあげたいと思います。そして貴方の論文がドイツ語になったならば，喜んでそれを読み，判断しましょう。それについてもちろんまったく費用はかかりません。
> 　私自身で貴方の分析を行うことが貴方にとって難しいのは，悔やまれます。私はいまだに現金収入の必要性がありますが，貴方からは25ドルの代わりに10ドルだけをいただくことにしましょう。」

1. 日本人はどのように精神分析にアプローチし「抵抗」したのか

この，好意的なフロイトの値下げの提示にも関わらず，書簡16でも経済的理由で古澤は「抵抗」を示している。フロイトとの間で経済的な折り合いのつかなかった彼は，リチャード・ステルバから分析を受け，パウル・フェダーンからスーパーヴィジョンを受ける。また，阿闍世コンプレックスの論文を受け取ったフロイトは，それを高く評価しなかったようであり，書簡19は，それについてのフロイトの無関心を示す短い反応であると思われる。結局，古澤は，1932年1月から同年12月までウィーンに滞在し，帰国し，数年後には田園調布で「精神分析学診療所」を開業している。

そして，その後発表された山村道雄の回顧（1980）では，古澤のウィーン体験について下記のごとく記されている。

> 「フロイトから教育分析を受ける積りであったが，1時間50ドルの分析料と云われ，止むなくリヒヤルト・ステルバの分析（5ドル）を，又パウル・フェーデルンの監督教育をうけることになったそうです。」
> 「先生は自らの仏教観から，阿闍世論に到達，この論文をフロイトに提示したが，フロイトは時期尚早と答えたことを，帰朝後直ちに私に，甚だ不満に耐えぬ口吻で洩らされたのであります。」

実感の欲しい日本の読者には，1ドルを1000円として考えてみてほしい。もしも，50ドルの精神分析の料金を10ドルに値下げしたフロイトに対し古澤の何らかの「抵抗」があったのだとしたら，それは経済的理由と共に，彼のフロイトへのアプローチは主に論文の価値を認めてもらうための挑戦であったからだと考えられる。また，書簡中で言葉の上での困難を述べているが，これも精神分析中であれば「心の言葉が喋れないのですね」と抵抗を解釈されるところだろう。阿闍世論に関しては，古澤の死後，小此木啓吾が発展させ充分に言葉にしている。

5. レイ分析家,大槻憲二

　1933年5月,東京美術学校（後の東京芸大），そして早稲田大学文学部出身の文学者・大槻憲二の主宰する東京精神分析学研究所から，精神分析の専門雑誌「精神分析」（ZEITSCHRIFT FÜR PSYCHOANALYSE）が創刊され（本書42頁），定期的にフロイトへも送られるようになる。東京精神分析研究所は，後に"lay analyst"と呼ばれる大槻が心理学者・矢部矢重吉らと創立し，本書46頁の報告に見られるように，さまざまな職種を含むいわゆる"素人 lay people"が集まっていた（Blowers, G.H., 2001）。雑誌「精神分析」は，江戸川乱歩ら作家，文化人，民俗学者らが参加し，海外の精神分析家たちの寄稿を得て，国際的にも広く配布されていた。

　そして日本支部はフロイトの誕生日を祝う贈り物として，『エディプス王』をプレゼントした。詩人のヒルダ・ドゥーリトル Hilda Doolittle は彼女の親しい仲間であるブライヘル Bryher に1933年5月24日付手紙で「東洋人の心にソフォクレスを結びつけて彼は興奮している」と書き，フロイトが日本人の無意識と精神分析に期待していることを記録している（Friedman, S.S., 2002）。

　その頃，矢部の1933年臨床活動については，年間，23人の患者で，1431回のセッションが行われたと報告され，その研究会，翻訳，文化活動が記される。ただし訓練の中身に関する本格的報告はない（Yabe,Y., 1934）。

　仙台の丸井はついに1933年の9月，フロイトを尋ね，1カ月のウィーン滞在の間でフェダーンから短期間の精神分析を受ける。その後，ロンドンでジョーンズに会い，IPA仙台支部設立を認可されるが，これと同時に東京の矢部の会は日本支部ではなく東京支部となった。東京グループの對馬の1934年についての報告ではこのことと，4人が分析を終えて準会員になったことが書かれている（Tushima, K., 1935）。

　その当時，留学してくるドイツ人，オランダ人，米国人たちがトラブルば

かり起こすのに比して，日本人についてジョーンズやアンナ・フロイトは好感を抱いたという (Diary)。ということは，礼儀正しい日本人の短期間の分析は深まらず，深刻な退行や行動化が生み出されなかったものと想像できる。

また，IPA 直属となった仙台精神分析学会 Sendai Psycho-Analytical Society (1937) の報告では，教授たちを含んで医師と思われる次の 12 名が会員として挙げられている。古澤が IPA の会員として名前が登場するのはここからのようである。仙台学会の訓練の詳細は不明であり，1933 年の丸井の帰国の後 3 年半だとすれば，これも急激な増加であると言えよう。

- Arai, Dr. Shohei, 11 Myojincho, Hachioji, Tokyo.
- Doi, Dr. Masanori, 1 Momijimachi, Dairen.
- Hayasaka, Dr. Choichiro, Kofu-Ryo Psychiatric Institute, Kobe.
- Kakeda, Dr. Katsumi, Inogashira Hospital, Tokyo.
- Kimura, Dr. Renkichi, 23 Hikawamachi, Nakanoku, Tokyo.
- Komine, Dr. Mosaburo, Komine Hospital, Nishigahara, Takinogawaku, Tokyo.
- Komine, Dr. Shigeyuki, Komine Hospital, Nishigahara, Takinogawaku, Tokyo.
- Kosawa, Dr. Heisaku, Kosawa Psycho-Analytical Hospital, 190 Higashi-tamagawamachi, Setagaya-ku, Tokyo.
- Marui, Prof. Dr. Kiyoyasu, Psychiatric Clinic of Tohoku Imperial University, Sendai (President).
- Miura, Prof. Dr. Nobuyuki, Psychiatric Clinic of Iwade Medical College, Morioka.
- Suzuki, Dr. Yuhei, Komine Hospital, Nishigahara, Takinogawaku, Tokyo.
- Yamamura, Dr. Michio, Psychiatric Clinic of Tohoku Imperial University, Sendai (Secretary).

このように主に医者たちを集める仙台グループと，さまざまな職種を集める東京グループとの違いは，今日の日本における協会（JPS）と学会（JPA）の差にも垣間見られるだろう。

6. 結　論

　日本精神分析黎明期において 4 人の日本人パイオニアの受けたトレーニングを要約するなら下記のようにまとめられる。
- 矢部八重吉　1930 年ロンドン　E. グラヴァーから 20 回の教育分析，E. ジョーンズから臨床講義を受けた。
- 古澤平作　1932 年ウィーン　R. ステルバから精神分析（3 カ月），P. フェダーンからスーパーヴィジョンを受ける。
- 丸井清泰　1933 年ウィーン　短期間（1 カ月？），P. フェダーンから精神分析を受ける。
- 大槻憲二　独学

　読者が注意すべきは，ウィーンにおける留学生の中で日本人のトレーニングだけが特に短いわけではないことである。しかしながら，時代は，同じウィーンでも E.H. エリクソンが 1927-1933 年のトレーニングで 6 年かけた頃である。そして，この黎明期の日本人 4 人の外国との関係と，外国の分析家や研究者に与えた印象は，アトランダムに箇条書きするなら以下のようになると思う。

1) 2 種類の翻訳シリーズが出て，書物の上では「日本の精神分析」は早くから盛んである。
2) 翻訳を二重に許可したフロイトに罪悪感があり，教育面で「妥協」している（Blowers, G.H. and Chi, S.H., 2001）。
3) 大学医学部，開業，文化，心理などに分かれていた複数のグループの動きや「分担」が一つの動きと見なされたと思われるが，実際にその活動はまとまってはいない。
4) その実践が見えないところでの，「もう一つの思考」（仏教）や「遠い国」

の理想化の可能性がある。
5) 彼らの礼儀正しさ，熱心，優秀さがもたらした好感というものがある。
6) 雑誌「精神分析」を発行した国際派・大槻の言語力と博識は大きな力を発揮した。

　彼らはフロイト父娘にも大きなインパクトを与え，好意的に迎えられたが，日本側にたびたび「時間がない（短期留学ゆえに）」「お金が足りない」「言葉がうまく話せない」などの困難が示されていることは重要だろう。もちろんこの，精神分析学に対する「日本人の抵抗」と解釈できる態度の中身は，「書物」で代償する矢部，「プライド」ゆえフロイトの提案を拒否する丸井，論文の価値判断を求めるという挑戦と経済的理由でフロイトの訓練分析を断る古澤，そして出版の人・大槻の独学と多彩である。
　結論として，その黎明期に「日本人の抵抗」と呼べるものがあったと私は考える。そしてそれはもしかしたら現在もあるのではないか，というのが私の示唆したいところである。ただし私は，彼ら自身の訓練が不十分であったために，日本人の輸入した精神分析の国内の訓練が不十分になったと直裁的に解釈しているわけではない。訓練が不十分であるというのはどこにおいても，誰にとっても起こることである。ただ，自らの受けたものが不十分であるという認識が希薄，あるいは不足していたのかもしれないし，矛盾や開きのある，国際基準と国内事情との間にあったはずの葛藤があまり表明されず，そのために戦前は，厳しい訓練は我が国には本格的には輸入されなかったし，その結果日本の精神分析運動が外向きと内向きに二重化することにつながったと私は考える。
　矢部（1934）が，雑誌「精神分析」におけるインタビューで次のように答えている。
　「日本は未だ一歩を踏み出したばかりだから，大衆化だの，組織化だのは尚早だ。」
　これに対して，雑誌のインタビューアーはこう応えている。「啓蒙時代と

いうことですね。」

7. あとがき

　月日が経って今や2010年代となり，未だ我が国が，精神分析の実践段階ではなく啓蒙時代であるとは言えないだろう。その抵抗と，歴史や文化の影響と独自の取り入れ過程の結果，現在，「日本の精神分析」は，週1回の精神療法を基本とし日本独自の訓練プログラムを提供して多数の会員を集める日本精神分析学会と，少数の会員と共に週4回という国際基準で訓練を行おうとする日本精神分析協会に，分かれるのだ（Kitayama, O., 2010）。

　「西洋の精神分析的指導者たちの栄光に乗っかって，彼らの目的は正確に同じだと宣言し，日本の精神分析家たちは一つの教義を説きながら，別の道を進んだ」と，モローニィ Moloney（1953）は厳しく断じる。彼は，戦前の日本における精神分析は適応主義的で，個の解放を目指す「西洋の精神分析」とは異なるものだと主張するが，そこで運動を担った人たちに垣間見られる葛藤とその解決を見落としていたと思う。結果として生まれた「日本の精神分析」の内外への適応的な実践形態と組織の二重化は，「見るなの禁止」や，表と裏というような日本文化の二重性と無縁ではなく，内外の間での葛藤ゆえに，それなりに創造的で，その中間性や二重性こそ発展しつつある多産な形態であったと考える。

　ゆえに，ここで論じた「抵抗」は，「日本の精神分析のやり方」に含まれるべきものである。私自身もまた，この「抵抗」とは無縁ではないと思うし，その他さまざまな理由で自身の訓練もまたけっして十分ではないことを痛感し，このことに自覚的であらねばならないし，不十分ながらも自己分析は続けねばならないと考えている。それと共に，精神分析そのものが日本人にとって特別なもので，外国からそのまますんなりと輸入されるほどたやすいも

のではないと考えるのである。

[参考文献]

Freud Museum Publications (1992) The Diary of Sigmund Freud 1929–1939. tr. M.Monor, Scribner, New York.

Blowers, G.H. (2001) Japan, and Psycho-analysis, In: The Freud Encyclopedia, ed. E.Ervin, Routledge, New York.

Blowers, G.H. and Chi, S.H. (2001) Ohtsuki Kenji and the Beginnings of Lay Analysis in Japan. Int .J. Psychoanal., 82: 27–42.

Freud, A. (1931) Announcement by the Central Executive. Bul. Int. Psychoanal. Assn., 12: 121.

Freud, A. (1933) Report of the Twelfth International Psycho-Analytical Congress. Bul. Int. Psychoanal. Assn., 14: 138–180.

Friedman, S.S.(ed) (2002) Analyzing Freud: Letters of H.D., Bryher and Their Circle. New Directions, New York.

Kitayama, O. (2010) Prohibition of Don't Look. Iwasaki Gakujutsu Shuppansha, Tokyo.

Moloney, J.C. (1953) Understanding the paradox of Japanese psychoanalysis. Int. J. Psychoanal. 34: 291–303.

小此木啓吾・北山修（編）（2001）『阿闍世コンプレックス』創元社.

Sendai Psycho-Analytical Society (1937) Sendai Psycho-Analytical Society. Bul. Int. Psychoanal. Assn., 18: 500.

Tushima, K. (1935) Tokio Psycho-Analytical Society. Bul. Int. Psychoanal. Assn., 16: 261–262.

矢部八重吉（1931）フロイド先生会見記,『フロイド精神分析学全集5・性欲論・禁制論』所収，春陽堂.

矢部八重吉（1934）探訪（4）：矢部氏の分析寮．精神分析. 2: 86–88.

Yabe, Y. (1934) Japan: report on psychoanalytic activities in the year 1933. Int. J. Psychoanal. 14: 377–379.

山村道雄（1980）日本精神分析学会25年の歩みを回顧して．精神分析研究, 24: 215–219.

2. フロイトとの土居健郎の「格闘」

1. はじめに

　5人目のパイオニア・土居健郎に関するこのエッセイは，2つに分かれる。前半は，米国精神分析学会において発表し，その後『〈甘え〉について考える（日本語臨床3）』という論文集に収められた「〈甘え〉とその愛の上下関係」という論考を要約する。それには，土居の回答がついている。後半では，その前半にも垣間見られる，フロイト精神分析学に対する「抵抗」に関わる，土居による「闘い」とその創造的解決について考えたい。

　直接，教育的関係を持たなかった私だが，おりに触れてコメントや通信を頂戴し，少なからず影響を与えられたように思う。そこで今，何よりも思い出すのは，最初の出会いである。初めてまみえたのは，1981年精神分析学会第27回大会における私の発表「位置づけの中間性と役割の両面性」で司会をしていただいた時だと思う。リエゾン精神医学の橋渡しとしての中間性と両面性を論じたが，司会者・土居から「北山さん，それは管理社会の問題とどこがちがうのですか」と聞かれ，うまく答えられられず，「考え直してきます」と言って引き下がったことをよく覚えている。今でも，あの質疑は噛み合っていなかったと思うが，同僚からは，私が壇上で「すねた」と土居のキーワードを使って揶揄されたものだ。精神分析学会でそういう社会心理学的な問題を問われるとは予測していなかったので，私は戸惑ったし，司会

者は精神分析とは関係ないことを聞くべきではないと腹も立てた。この腹を立てたことが答えに窮した第一の原因だと思う。それに，あの相手を見下ろした態度には参ったというのが私の直後の感想で，しばらくは家でぶつぶつとうめいて，よく眠れなかった。

やがて，とにかく土居に私の言いたいことをいつか分かってもらおう，と考えて私は元気を回復した。それで，後に完成した「〈甘え〉とその愛の上下関係」という論考は，あの土居の高いところにいる態度（もちろん未熟な私が彼を高いところに置いている態度も含む）を，甘え論の重大要素として問題にするものであった。そして，それは今で言う「上から目線」と呼ぶものであり，学会場で1階の発表者に2階からコメントしたというエピソードにも表れたものであり，我々の去勢不安を大いに刺激したと思う。そしてこれは，土居自身に読んでいただき，後で紹介するが，もちろんご自身の回答も得ている。

2. 〈甘え〉とその愛の上下関係

a. 下からの「甘え」

ご承知のように，土居は，食べることを意味しやすい「ウマウマ」という日本の乳児語の名残を「甘え」の発音に見出している（1965）。そこで今，大きな声で，ア・マ・エと発音してもらいたい。アもマも，そしてエも口を開いて発音され，とくにアとマは顔を下に向けて発音しにくいことは，その発音の体験的意味を考えるとき重要であると思う。下から崇めるアマテラスが天照らす（「天に輝く」の意味）神であるように，アマエを示す側は下から上を向いていて，アマエによって求められた対象はその上からやってくる，と私たちは音と共に体験するのである。

そしてこれは［図1 歌麿「山姥と金太郎・栗」］，浮世絵の中からD. フリ

ーマン Freeman（1996）が子供の「甘え」を示すものとして選んだもので，私もこの選択に同意する。この場合，登場人物は「金太郎」と「山姥」であり，伝説によれば彼らは実際の親子ではないが，通例の大人よりも巨大に描かれた山姥は母親代理者であり，母子関係が描かれていると考える。この「すがりつき」の姿勢は浮世絵母子像の一種の「定番」で，同様の姿勢を示す他の絵も見つかっているので，私はこれを「甘え」を具体的に考えるためのモデルとした。

さて，図1の絵の中で下にいる乳幼児が上位の母親側に対して何か求めているのに対し，求められている側はこの後どうするだろう。予測されるのは，子供の求めに応じて，親は「抱っこ」するというもので，「甘え」という「求める愛」に対し「与える愛」で応えるとき，「甘え」は上位の母親または母親代理者の「甘えさせる」という積極的な適応と対になっているのである。

図1　歌麿「山姥と金太郎・栗」

だがここで，精神分析理論や臨床体験を踏まえ，乳児の内的現実や幻想の実在を信じる私は，下にいる乳児は上位の母親に何かしてもらうことを依頼しているのではなく，むしろスーパーマンのように自力で飛び上がって母親に飛びつこうとしていると解釈できる。また，まるで日本昔噺の「一寸法師」のごとく，急に成長すること，大きくなることを願っているのかもしれない。つまり，大人が下へ適応するのではなく，小さい者の側が上位へと，空想や遊び，または魔法などで到達できるという可能性は，乳幼児の魔術的な願いや非現実的な祈りの存在を考慮すれば，間違いなく存在するのである。

これと対比的にキリスト教のイコン（図2）を並べて見よう。大きなマリアにキリストが甘えているというのではなく，この場合キリストがマリアを慰めているという教義もある（Ousoensky & Lossky, 1989）。つまり，赤ん坊が母親を積極的に愛しているというのである。

b. 愛の上下関係

ウィニコット D.W. Winnicott の言うように，赤ん坊というものはいないわけで，そこには必ず母親がいる。この親の心理をさらに立体的にとらえるために取り上げるキーワードは，日本語の名詞の「愛」，動詞「愛する」と形容詞「愛しい」である。この「愛」という日本語の歴史では，たとえ「愛」の文字が使用されても，上から下，男から女，夫から妻，親から子への一方的な愛であり，対等の愛や双方向的な愛を示すことはなかったという（『日常臨床語事典』）。たとえば古代文学の研究者である西郷信綱によれば，「男の愛」「親の愛」に代表されるように，愛は主に上から下に対し，つまり目下や物件について言ったので，「女の愛」「子の愛」とは言わなかった。

さらに「愛」の〈ai〉という発音を考えたい。アクセントが第一音にあって，これを発音する者は，頭がうなづくように下降して，上から下への運動を体験する。私の考えでは，「愛」は音の面でも，上から下へという動きを示して，つまり大きい者から小さき者へという上下運動のあることを伝える。日本語のアイウエオの1番目と2番目の音が〈ai〉だが，日本語の縦書きで読むと，「あい」は上から下へ読まれることになる。言葉の意味の上での上下関係と音声面でのこうした上下運動にこそ，日本語の「愛」では平等の愛やキリスト教的な博愛などが意味されにくい理由があると思う。

図2 「ウラジーミルの生神女」

さらにもうひとつ日常的な形容詞「愛しい」はどうであろう。古語辞典の「いとほし」を『古語辞典』（三省堂）で調べるなら，次のごとくである。
1）見られたものではない。みっともない。
2）気の毒だ。かわいそうだ。ふびんだ。いたわしい。
3）かわいらしい。いじらしい。

ここで描かれている愛情もまた，優者から劣者へ，強者から弱者へ，親から子へ向けられている。愛情の動機としては同情，憐憫の情，哀れみの情が大きく動いていて，強者や上位にある者が，弱者，劣者，不幸な者をまともに正視できないときの苦痛を回避するために愛情が生れるというのである。

こうして結論を得るなら，言語的に見る限り，日本語の「愛」や「愛しい」は上から下へ愛を与えるものだと言える。これに正確に対応する形で，「甘え」は下から上に愛を求めるものとなるわけだが，このような愛の上下関係を支える心理を「愛の上下意識」と呼びたい。私は，「子の愛」「女の愛」と言わなかったのは，決してそういう心理がないということを意味しないと考える。

c. 目下からの愛情

以上のような「愛の上下意識」の下では，小さなものが大きいものを愛すること，目下が目上を愛すること，弱者が強者を愛することは視野の外に置かれることになり，彼らが目上の者や強い者を積極的に愛する場合は，「いとしい」や「甘え」とは言えない。そして，目下が目上を積極的に愛するときの言葉が，たとえば乳児が親を愛することを意味する言葉が，日本語にはない，あるいは少ないことに気づくのである。そして私たちは，小さい者が大きい者を愛する，それも強く激しく愛するということを，精神分析に出会う前になかなか意識できなかったと考える。

以上のような考えで私は，土居がこの「甘え」に伴う愛の上下意識を考察していないと指摘した。ここでもう一度，最初の図1の母子像に戻ろう。この子供は，母親に下から上へとジャンプしたいと願っているのかもしれない。

そういうときに，母親が上から下へ屈んで，抱っこしてくれるようにせがんでいるという「甘え」の解釈に終始するのは，現実的すぎ，客観的すぎると思う。

　ここで尋ねよう。親子の間に生起する愛は，どちらから始まるのだろうか？　子供の側からか？　母親からか？　それとも，父親からか？　ひとつの解釈だけが正解なのではなく，こうやって，われわれは親子の愛を巡るさまざまな視点を手に入れ，それを交替させることができ，その交替は洞察に満ちているのである。

3. 土居の回答

　続いて，私はこの発表に対する土居の回答を読んでみたい。タイトルは「〈甘え〉と価値判断」である。

　「北山の指摘は〈甘え〉および愛に関する問題の急所を突くものであって，これに十二分に答えることはなかなか容易ではない。それというのはここでこの問題が思想的次元から論じられており，価値判断までそこに絡められているからである。例えば北山が〈愛の上下意識の保守性〉と言う時，それはあまり好もしくないものとして位置づけているのはまず間違いないだろう。相互の愛とか平等の愛とかいわれるものの方が彼にとって明らかに上等なのである。ところが私は古い人間であり，保守的であることを善しとする方であるから，北山の感覚に組みしない。ここではしかしイデオロギー論争に陥ることなく，事実に即して私なりの答えを出してみよう。まず私は〈甘え〉の心理が上下関係を含むことを充分理解していたつもりだ。ただこの上下関係は心理的にそうなのであって，それが必ずしも社会的にヒエラルキーとしての上下と重なるものでないところに注意した。」

　最初に書かれているように，一瞬ご自分の理論の欠点を突かれて軟化した

ように見えたが，要するに，私は価値の論争を土居にしかけたというので反論されている。文中の私は甘えについても，平等愛についても，どちらに価値があるとか，どちらが上等だなどとはひとことも言っていない。私は，むしろ土居こそが日本か西欧かの，どっちが上等だという二分法の論争に巻き込まれていることが問題であり，私としてはそのどちらにも解釈できるところが大事と思うのである。土居は明らかに甘えの側に力点を置き，自分は保守的な人間であると自認され，私は平等愛の方を上等だと考えていることには間違いはないと決めつけられている。私はこの決めつけに反応しているのである。

これについてはぜひ，中立的な読者に，私の論文を読んでもらいたい。私から見れば，原初の愛をめぐって，西欧から輸入された「愛」に対して「甘え」の方が原初的だと，土居は主張しフロイト精神分析学と闘っている。私の主張は，甘えの陰に隠れてしまいやすい，下からの積極的愛情を読むことも重要であると言っているのだが，私の主張をここにこれ以上展開する必要はないだろう。私はむしろ，フロイト精神分析学に対する，日本文化を踏まえた土居の格闘の姿勢を取り出したかったのである。土居の本『精神分析と精神病理』の序論にこういう表現があり，それはアンビバレンスと言っていいものなのだ。

「ちょっと大げさに聞こえるかもしれないが，本書は私がFreudと取っ組んで格闘の末に生まれたものである。格闘したのはFreudが敵であったからではなく，天使と格闘したヤコブとおなじように，むしろ私が彼に傾倒したからなのである。」

4. 日本の精神分析の「抵抗」

前章にも書いたことが，精神分析に身を置きながら精神分析と闘うこと，

それは精神分析的な意味合いを含んで,「抵抗」と呼んでも良いと思う。そこで文化の違いと日本人の視点を持ち込み,そしてそれによる新しい発見が普遍的なものに通じると主張すること,それは分析的文脈なら「抵抗」と呼ばれて仕方がない。実は,私は日本の精神分析の戦前の歴史を調べて,我が国には「日本の精神分析の抵抗」というものがあり,当然それは日本人の受けた訓練分析（かつては教育分析と呼ばれていた）に表れていると考えた。前章における,黎明期における,代表的な4人の日本人精神分析学者のトレーニングを要約するなら下記のようにまとめられた。

- 矢部八重吉　1930年ロンドンでE. グラヴァーから20回の教育分析を受けた。矢部は,帰国後,20回では少ないと考えたが,書物で何とかなると書いている（矢部,1933）。
- 古澤平作　1932年ウィーンでR. ステルバから精神分析（3カ月）を受ける。「フロイト‐日本人書簡集」（北山,2004）によれば,フロイト自身による分析を提案され,それも,もとは25ドル（50ドルだった可能性もある）だったのが10ドルでもいいと値引きしたフロイトの精神分析を経済的理由で断り,同時に「阿闍世コンプレックス」の論文の価値判断を求めている。
- 丸井清泰　翻訳や研究のグループの統合というフロイトの提案を,「プライド」（書簡に記される）ゆえ拒否する。1933年ウィーンでP. フェダーンから短期間（1カ月？）の精神分析を受けたが,この短さにはフロイト側の妥協があったと解釈される（Blowers & Chi, 2001）。
- 大槻憲二　歴史学者G.H. Blowersらの論文（2001）では,「レイ分析家」と呼ばれ,主に独学の文学者で,トレーニングの記録はない。

こうして彼らのトレーニングがすべて不十分あるいは不完全に見えるのだが,土居健郎は,この4人に続く5人目の,我が国を代表する精神分析家であり,国内で一度,外国で一度精神分析を受けているのだが,この2つともが失敗に終っている（つまり,訓練分析を終えていない）。実は,この体験

2. フロイトとの土居健郎の「格闘」　*131*

についてまとめて土居自身が詳しく書いたものを読んでいないので，あればどなたか教えてほしいのだが，以下の引用は『精神分析事典』（2002）における人名項目「土居健郎」として私が書いたものである。下書きを土居自身に見せ，修正をいっぱいいれてもらったもので，中身的には間違いはない。

「帰国後も古澤に教育分析を受けるが，古澤の救済意識や分析方法に反発し決別する。1955 年再渡米し，サンフランシスコ精神分析協会に 1 年間留学，N. ライダーに教育分析を受けるが中途で挫折し，帰国後は聖路加病院精神科に置いて，自己分析と臨床経験を言葉にする作業を始める。」

ここに出てくる教育分析家との「決別」，教育分析の「挫折」という言葉にはインパクトがある。他でも次のように，サンフランシスコでの分析を中断していることをはっきり語っている。

「打ち切ることが唯一の解決であるという行きづまりに逢着したため」（土居，1958）

こうして私は，この中断の反復に，精神分析を受けることに対する幻滅，そして「抵抗」と呼んでもいい要素があったと考える。そして訓練分析を批判的に扱う土居の思いは，私が記憶する，以下のような小此木啓吾の発言と共鳴関係にあるのである。

「教育分析を受けたと言う人たちの，解決されない病理と，解消されない転移関係の取り扱いに，私は終生苦労してきた。」

土居においても，生涯を通し，訓練分析に対し距離を置く発言が目立つ。次の有名なコメントは分析協会としてはきわめて刺激的であった。

「大体，教育分析をやっても常に成功するとは限らないではないか。」（土居，2003c）

他方，土居理論の研究者，熊倉伸宏の発表（1999）も，教育分析における土居の挫折や決別に触れている。熊倉（2010）は，改めての私のパーソナルな問いに対しこう答えている。

「教育分析に頼る自分の〈甘さ〉に気付いて，直接，フロイトと格闘すると覚悟した。そして，無意識に権威に頼る自分を発見し，それを〈甘え〉と

したのでしょう。教育分析には甘えられないという気づきと傷つきが、〈甘え〉理論を生んだと思います。」

実は日本語臨床研究会において土居 (1999) は、古澤との決裂で「甘え」が生まれたということを、「熊倉の慧眼に脱帽するばかりである」と深く認めている。そして、米国での精神分析の結果、土居は「満身創痍」となったと言うし (2003b)、私は、土居の分析体験を否定的に言う米国側からの手紙を、小此木から見せていただいたことがある (この手紙を、私は探したが見つからない)。だが、次の文章 (2001) が、土居の米国における教育分析と甘え理論の関係をなぞっていると思われる。

「1950年私が初めてアメリカに留学したとき、たしかに私はアメリカを理想化していた。そしてアメリカ体験の中で揉まれる中で、どうしてもアメリカでの生活に馴染まないものとして、自分の中にある〈甘え〉を発見したのである。」

つまり、精神分析、あるいは米国という対象に「甘えていた」という「転移」あるいは「抵抗」が、その幻滅をきっかけにして自己分析され「甘え」理論を生んだという文脈があり、その意味で米国での訓練分析がパラドキシカルに役立ったというのである。ゆえに訓練分析についての土居の決別や幻滅は、そして分析を受けた際の挫折とそれに伴う自覚は、土居理論誕生におけるターニング・ポイントであったと思う。

全体的に見れば、土居は訓練分析の価値をけっして否定しているわけではない。訓練が不十分であることはどこにおいても、誰にとっても起こるものである。問題はそれをどう消化、昇華、そして生かすか、ということであろう。私は、土居自身の決別や挫折で終った訓練分析、そしてそれに対する「抵抗」の分析が、言葉や文化を媒体にして終わりのない自己分析として続いたのだと主張したい。とくに、この抵抗の自己分析のおかげで、戦前の精神を引き継ぐ人たちの精神分析が「日本の精神分析」として海外の精神分析から自立しているのではなかろうか。

5. 国語発想論的方法

　さて次の文章（1977）が，ホイヴェルス神父の葬儀に参加された土居の体験の直後に書かれたものだとすれば，文中の 22 年前とは，ちょうど 1955 年のサンフランシスコに滞在中を指すのである。

　「私は神父がなくなられた当日の通夜にも翌日の通夜にも列席できなかった。ようやく十一日朝の密葬に参列した折り，式が終って，遺体に最後のお別れをする直前，私は突然熱いものがこみ上げて来て抑えることができなくなった。私はできることなら大声で泣きたかった。決して悲しかったのではない。むしろ神父に会えた幸福に感激して泣きたかったのだ。私はずっと以前にも一度同じ経験をしたことがある。それは二十二年前，異境にあってある人に私の過去を物語っていた時のことだ。話がたまたま昭和十七年大学時代に神父と最初に会った時のことに及んだ際，突如，私は嗚咽し始めていた。六月十一日朝の涙はそれと，まったく同じであったのである。"ああ神父さま，この人生の船でどうしてご一緒になれたのですか。"」（下線筆者）

　つまり，私たちが文章から知る限り，第一に土居を精神的に受け止められたのはホイヴェルス神父だということであり，その深い思いを米国の精神分析が抱えられなかったのであろう。そして，方法という言葉を使っていいのであれば，神父の日本における方法が日本文化という「抵抗」に参加し，国語の発想を体得吟味しながら扱うものであり，神父の日本文化論や日本語論の特徴は，土居と共有された「国語発想論的方法」だということなのだ。お二人の方法論の一致は，二人のエッセィを読めば分かる。

　「神父は直感的に物事の本質に参入する人であった。殊に出来事の劇的性格には対しては鋭い洞察を示した。」（土居，2003a）

　これは土居のホイヴェルス神父についての描写だが，それは土居自身のことのようであり，宗教論を語る晩年の土居は，キリスト教の布教と，精神分析の輸入とを重ねて見ていたと思う。つまり，精神分析の輸入に際し，海外

から理論や教義をそのまま持ち込むのではなく，日本語や日本文化に深く参加しその心理学的意味を発見しながら考えるという態度は，ホイヴェルス神父の方法にも見られる。当然のことながら，神父もまた，日本的な「抵抗」に遭って，こう言われるのである。

「日本人は深みが大好きです。ことに現象学的な説明の仕方をしますと，心によくはいります。説教で百回も愛ということばを叫んでも，なんにもなりません。むしろ一つの言葉を砕いて，その内容を見せること，あたかもくるみの殻を砕いて，その中の実を味わわせるようにするのがよいのではないでしょうか。」(『ホイヴェルス神父説教集』)

ホイヴェルス神父は，日本文化で，日本語で，愛の真実を広めたいのなら，その国語や文化の発想に参加し活用するのがいいと言っておられ，それはたとえばフロイトも重宝した多義性の活用であり，日本語臨床を押し進めてきた私も多用するものだ。同時に，日本の精神分析の少ない頻度の問題や，国際基準と国内基準の二重構造もまた，精神分析の日本的変容であり，日本の精神分析の「抵抗」の表れであり，拙著『覆いをとること・つくること』で示したように文化論抜きには解決しないだろう。たとえば，その考えは高橋哲郎の書評でも，次のように記される。

「日本文化という巨大集団から出発して，個人の心性に迫る場合は，週一回でもよい，あるいはその方がかえってよいのかもしれない。」

日本に精神分析が輸入されて今や80年も経ち，未だ精神分析の実践ではなく輸入段階であるとは言えまい。すでに日本の精神分析は，それなりに実践されているのである。土居たちと共に展開された，その「闘い」あるいは「抵抗」と，独自の歴史や巨大な文化の結果，現在，日本の精神分析は，週1回の精神療法を基本とし日本独自の研修プログラムを提案して多数の会員を集める日本精神分析学会と，少数の会員と共に国際基準で訓練を行おうとする日本精神分析協会に分かれるのだと考える (北山, 2009)。「日本の精神分析」は「西洋の精神分析」とは異なるものだ (J.C. Moloney, 1953) とは思わないが，以上のような心理的抵抗の結果，「日本のやり方」があって大い

に異なる部分を含むようになったと考える。特に精神分析的精神療法という中間的な実践形態と組織の二重化については，たびたび言うように「見るなの禁止」や，表と裏というような日本文化の二重性と無縁ではないと思う。

ゆえに，ホイヴェルス神父や土居たちの体現する「格闘」あるいは「抵抗」とその自己分析は，「日本の精神分析のやり方」に含まれるものと思う。それと共に，対象に対する二重性を生きる日本人にとって，精神分析は外国から抵抗なく輸入されるほどたやすいものではないと考えるのである。

6. 結　論

日本文化という，本稿で「抵抗」と呼んだものの表れが学会と協会の二重性だと書いた（北山，2004　本書次章）。日本の精神分析の歴史を見るなら，この二重性を，かつては隠すようなところがあった。しかし，それは土居においてはけっして隠されず，あったと思われる精神分析への幻滅，あるいは抵抗が表明され，それに続く自己分析を通して「甘え」理論を生んだと考える。そして訓練分析の失敗をけっして個人的なものとして留めず，明確化し，昇華し，世界に向けて発信し，高い評価を受けた。なかなか目に見えにくい「日本人の抵抗」だが，それを自己分析し，内外に向けて可視的に照らし返した分析的態度は価値が高い。

精神分析と日本人が日本語で出会うという水際で，そこで生じる摩擦や葛藤から逃げることはできず，「とりあえず」そこでやるしかないが，「時間がたつと」その中間的で両面的な境界にこそ貴重なものが生まれるということだろう。ここは土居も味わい，多くが分析家として外と内の間で経験する，中間と両面をめぐる葛藤とその解決こそがクリエィティビティに通じる。先日出版された高橋のセミナーの記録本のカバーにある，精神分析的精神療法に「誇りを持って，その専門家になってほしい」というメッセージも，はっ

きりと受け止められたい。

　この高橋の言葉にもある誇りというもの、これが孤高の土居にあったものである。そして、日本の精神分析家としての「誇りの高さ」と言っても良いもの、これがかつて私が「上から目線」と反発したものでもあったと思う。その、土居との上下関係を強く意識し、そこで悶えた私の小さな闘いにおける私の転移分析、あるいは抵抗の自己分析こそが、私自身に一本の論文を、そしてまた新たにこの論考を書かせたし、土居のおかげで、私は生産的であり得たのである。

7．さいごに

　最後に、数々の名文の中で土居の宗教論に触れたい。賀陽濟に教示されて知った、現在私がもっとも好きだと思う講演「神社と仏閣と教会」（1993）はイグナチオ教会眞和会における話だが、ここで土居は日本に異文化を持ち込むためには日本人の心を理解せねばならないと力説する。そして、まるで日本における精神分析学のメタファーのように、キリスト教の信者の増えない理由を語り、こう言う。

　「私が一番面白いと思うのは、ミサの聖体拝領の際、未信者が何人も出て来て神父さんの前で頭を下げ、祝福を受けることです。これを見ると、なんて日本人は素直なんだろうと思います。私は西洋でこうした光景を見たことがありません。」

　教会で信者でない者が司祭の祝福を受けること。この中間的で両面的な場で、人は素直になる、というのだ。「未信者の祝福」とは、土居によれば日本人が素直になるやり方なのだ[1]。そして、日本精神分析学会では精神分析的精神療法を行っている会員の数がますます増えている姿と重なる。

　実は「位置づけの中間性と役割の両面性」という、土居に理解してもらえ

なかった私の発表は，はからずもこの現象に関わるので，今まさに土居と出会っている感覚に襲われる。そこにこそ私にも，精神分析や日本文化とこれに傾倒しながら格闘する場として，日本語臨床という誇り高き「ミッション」があると僭越にも思うのだ。そして同時に生まれる，この内的な営みとなるべき抵抗分析こそが，精神分析そのものだと感じることがある。日本と外国の間，心理的には内と外，あるいはウラとオモテの間に立つ時，「日本の精神分析」あるいは「日本の精神分析的精神療法」というオリジナルな領域が拓かれる。

(1) 賀陽濟が，訓練分析中の関係にも関わらず，この講演に招かれ感銘を受けている。そしてこの2人は，後に両者ともがその訓練分析が失敗だったと認めている。そして賀陽は，十年経ってようやく，そこでの人間的出会いとしての意義が理解できたと語る。

[参考文献]

Blowers, G.H. and Chi, S.H. (2001) Ohtsuki Kenji and the Beginnings of Lay Analysis in Japan. Int .J. Psychoanal.,82: 27–42.

土居健郎（1958）われわれはどんな風に精神分析学を学んできたか．精神分析研究選集第一巻，108–111, 2004.

土居健郎（1965）『精神分析と精神病理（第2版）』医学書院．

土居健郎（1977）ホイヴェルス神父の死．『信仰と「甘え」』春秋社，1992.

土居健郎（1993）神社と仏閣と教会――比較宗教私論．『聖書と甘え』PHP研究所，1997.

土居健郎（1999）討論．『〈甘え〉について考える（日本語臨床3）』（北山修編集）星和書店．

土居健郎（2001）『続「甘え」の構造』弘文堂．

土居健郎（2003a）ホイヴェルス神父の使命．『ホイヴェルス神父――信仰と思想』（土居健郎・森田明編集）聖母の騎士社．

土居健郎（2003b）精神分析と文化の関連をめぐって．精神分析研究，48（増刊号），85–93, 2004.

土居健郎（2003c）追記．精神分析研究，48（増刊号），65, 2004.

Freeman, D. (1996) パーソナル・コミュニケーション．

H. ホイヴェルス（1973）『ホイヴェルス神父説教集』中央出版社．
北山修（監修）（2006）『日常臨床語事典』誠信書房．
北山修（1999）〈甘え〉とその愛の上下関係．『〈甘え〉について考える（日本語臨床 3）』（北山修編集）星和書店．
北山修（編集）（2004）フロイト‐日本人書簡集．精神分析研究，48（増刊号），47-56，本書所収．
北山修（2004）国際的視野から見た日本の精神分析――その二重性と柔軟性．精神分析研究，48（増刊号），94-101，本書所収．
北山修（2009）『覆いをとること・つくること』岩崎学術出版社．
熊倉伸宏（1999）甘えと欠如．『〈甘え〉について考える（日本語臨床 3）』（北山修編集）星和書店．
熊倉伸宏（2010）パーソナル・コミュニケーション．
Moloney, J.C. (1953) Understanding the paradox of Japanese psychoanalysis. Int. J. Psychoanal. 34: 291–303.
Ousoensky, L. & Lossky, V. (1989) The Meanings of Icons. New York: St. Vladimir's Seminary Press, 1989.
小此木啓吾（編集）（2002）『精神分析事典』岩崎学術出版社．
西郷信綱（1976）『梁塵秘抄』筑摩書房．
高橋哲郎（2010）『精神分析的精神療法セミナー・障害編』金剛出版．
高橋哲郎（2010）覆いをとること・つくること（書評）．精神分析研究，54, 295-296, 2010.
矢部八重吉（1931）「フロイド先生会見記」『フロイド精神分析学全集 第五巻』所収，春陽堂．

3. 国際的視野から見た日本の精神分析：
その二重性と柔軟性

1. はじめに

こうして多くのパイオニアたちのおかげで，2004年，日本精神分析学会（Japan Psychoanalytical Association，略して JPA と呼ぶ）は 50 年目の誕生日を迎えた。実は，ちょうど同じ日に別の精神分析の組織である日本精神分析協会（Japan Psychoanalytical Society：略して JPS と呼ぶ）も 50 歳の誕生日を迎えている。このことは，この 2 つの組織が双子の兄弟あるいは姉妹の関係にあることを示している。どちらが兄であるにせよ，この兄弟が血縁であることを悩ましく感じる方々に対しては，ここに与えられたテーマである日本の精神分析の国際性を学会誌において語るには，国際精神分析協会（IPA）に所属する協会（JPS）の動向も視野に入れて，少し高いよく見えるところから語らねばならないことを断っておきたい。

2. 国際精神分析協会（IPA）コングレスで考えたこと

私は，2004 年 3 月，ニューオリンズで開催された国際精神分析協会（IPA）

のコングレス（略して IPAC と呼ばれる）に日本協会（JPS）のメンバーとして出席した。これは，2003 年の新型肺炎騒ぎでキャンセルされたトロント大会を引き継ぐ形で企画され，6 カ月の準備で臨時開催された大会だった。参加者が少なくてキャパシティ 3000 人くらいの会場に 1000 人くらいが参加しただろうか。

　過去 30 年の経験で言うなら，こんなに少ない国際精神分析協会のコングレスは初めてだった。この集まりの悪さは，国際的な観点から見ると第一に精神分析の「新しいスター」「目新しいトピック」がなくなったということも理由だろう。さらに，旅行者をターゲットにするさまざまな危険性が存在していて，事件が起きると世界のどこであろうと私たちは集まりにくくなる。それでも大会はお祭りで象徴なのだから，集まる価値のない学問であることや人気のない学問であることが形に現れたのではまずいだろう。やはり，国際的に見て，現実的で外的な情勢だけではなく，精神分析は学問として「危機」の状態なのである。

　それは，直接的にはコングレス参加だけではなく「分析を受ける患者の減少」「分析の訓練を受けるキャンディデートの減少」という数字に現れている。とくに北米，南米には，地域によって悲惨なところがあるそうだ。ブームが去り，「バブル」後の退潮傾向は，不景気と共に急激に分析を受ける患者が減り，参加する若者が減り，それが学会参加の数にまで及んでいると言える。アルゼンチンでは，セッション回数を問題にしない，知的階層に人気のあるラカン派の進出のあおりを食っているらしい。IPA 本部のある英国ですら，この 1 年で 60 件以上の問い合わせがあっても，新たにキャンディデートとして分析家になるための訓練に参加した者の数は三人であったという。

　それで，これまで「純金」であると自認していた精神分析の，さらなる市場開拓の可能性が模索されることになる。今回会場のあちこちで話題に出た象徴的なテーマは，セッションの頻度という問題で，ここ数十年熱心な議論が続いているトピックである。私は協会幹部として委員会に出ることがあり，席上日本でどういう精神分析が実践されているのか聞かれるので，否応

なくこの問題に直面したものだ。これまで精神分析が精神分析であるためには，まずはカウチ（寝椅子）使用の自由連想法で行われる必要があり，セッションの必要最小限の基準が4回以上だったのが，今の委員会ではこの頻度を少し減らそうという提案がなされている。一般向けの精神分析であれトレーニングのための訓練分析であれ，頻度を減らすことができればマーケットは拡大するだろう。それで多くの国々からその頻度を減らそうという提案が出ており，場合によっては3回でもいいことになった。さらには，遠距離を移動して受ける分析では，一日に2回のセッションをやってもいい，などという提案もなされていて，これも条件付きで認められるという見込みがあるようだ。

　しかしながら，この報告を読まれる読者は言うだろう。日本では，以前から頻度の少ない治療が主流ではないかと。それも，日本精神分析学会では訓練分析は義務化されていないし，国際的な動きとはまったく異なる道を辿っているのではないかと。それはまったくその通りなのであり，雑誌「精神分析研究」を刊行する日本精神分析学会（JPA）は，以上に書いた国際協会の動きとはオフィシャルには無関係な状態にある。それで，IPAつまり国際精神分析協会の動きと連動する日本側の受け皿は日本精神分析協会（JPS）なのであり，国内には同じ日に生まれた，国際線と国内線というエアラインのような2種類の精神分析団体があることになった。だから，日本の精神分析の国際性を考えるには，この日本の精神分析の二重性の歴史とその評価を踏まえねばならない。

3. 日本精神分析協会（JPS）

　以上のことを話すと内外の多くの人々が，それはどこにでもある二重性だと言うのだが，会員が2800人を超えるJPAと数十人のJPSという大きな数

字の落差は，国際的に見て極めて珍しい。そして多くの日本人精神分析家がこの2つの精神分析集団に所属しているのだが，そのとき海外に向く協会と国内向きの学会という，この治療構造論を異にする「使い分け」の柔軟性は一体どこからくるのであろうか。

　言い換えるなら，歴史的に学会（JPA）が国際精神分析協会（IPA）に所属していないという事実が，「日本における精神分析の発展」の「日本のやり方」を考えるためには重要な手がかりなのである。IPAとはフロイトたちが創立した団体で，世界中に支部があり，精神分析家の資格認定に関して大きな力を持っている。IPAを中心にした国際交流に関わってきてつくづく思うのだが，実際のところ日本の学会員の大部分が，学問本体は海外から輸入しながらも，この国際資格や国際交流に関わることがまったくない。この関心の二重性が，個々における国際向け精神分析と国内向け精神分析的精神療法の二重化を促進していると思うのである。私自身は日本学会（JPA）の会員だが，このIPAの日本支部であるJPSにも会員として所属し書記，そして今は副会長として働いており，IPAの行う国際コングレスにも過去25年間毎回のように出席してきた。私は国際交流に関心があり，乏しい語学力でも，異文化交流は基本的に楽しいと感じている。

　こういう国外と国内の間に立って，国際的な動きを見守るなら，ニューオリンズ大会のあちこちで話題に出た「精神分析の危機」と平行して「精神分析的精神療法」の台頭が起こっていることが実に目新しい。それは頻度の少ない治療であり，大抵の場合は週に2～3回の面接を繰り返すものを言う。そして，JPAの場合たいてい週1回の面接を繰り返すサイコセラピィが報告されているが，このIPA水準の「常識」では「精神分析的精神療法」にすらならないことになる。このようなセラピーは，下山晴彦が訳した臨床心理学の教科書では「力動的心理療法 psychodynamic psychotherapy」と呼ばれているはずのものだ。そのような国際感覚では，治療構造にこだわるなら，日本精神分析学会は力動精神療法学会，あるいはたんに精神療法学会と呼ばれるべきなのである。そして，精神分析は「純金」だがその他の精神療法や心理

療法は「合金」だという，フロイト以来の感覚では，以上のような日本国内のやり方は IPA では相手にもされなかったのである。

私は個人的に，国際基準を受け入れて国際化する JPS という少数集団と，基準を「日本化」して設定し会員が 2800 人を超えてもなお増え続ける JPA の使い分けは，精神分析の生き残りにとって実に「うまい」と思うことがある。実際，この IPA に所属する JPS は資格認定が厳しくて，数年前の計算では会員が少数の 30 名余で，アクティブメンバーだけを数えるなら 20 人くらいであり，学会と協会の比率は 100 対 1 である。これでは，ギャップの間で人数的に見ても対立図式は生まれようがなく，JPA と共存する少数派 JPS はこれまでは奢らず謙虚であったと思う。

4. アムステルダム・ショック以降

国外から見るなら，一方で JPS を組織して国際水準に合わせながら，他方でセッションの頻度にこだわらない JPA があり，全ての JPS メンバーは両方に属しているという「ダブルスタンダード」は理解されなかった。というよりよく知られていなかった。しかし，次に述べる約 20 年前のアムステルダム大会における事件でこの特徴が日本に関心を持つ海外の仲間たちに広く知られるところとなり，以来海外では彼らからこれについての説明を求められるようになったのだ。しかし，とくにその数年前まではそれはいつも何かずるいことをして責められているような感じで迫られてきたものなのだ。

それは，確かに多くの日本の実践家にとっては，国際交流に関心がなく国際基準に合わせる必要がないという現実的事情がそうさせてきたと思う。そしてこの二重性は日本の「国際的な特徴」であり，検討に値するはずだ。ずっと私はそう感じていたので，ここで検討のための資料として紹介したいことがある。重要な歴史的な事件なのに，国内ではあまり知られていないこと

だが，1993年に開催されたIPAアムステルダム大会の時に思わぬことが起きたのである。当時の協会幹部としてはショッキングな出来事で，小此木啓吾はこれを「アムステルダム・ショック」と読んだ。何があったかというと，私が記憶するところでは（現時点では多くの人たちの知るところとなったが），匿名の手紙がIPA本部に届けられ，これにより日本の訓練分析家の行う分析セッションが一週に一回のものがほとんどだということが公にされたのだ。要するに，日本の精神分析実践の大部分が回数の上で国際基準に満たないものであるということが国際的に明らかになった。

もちろん日本側としては，そのことに無自覚ではなかったし，日本協会が認める訓練分析家には精神分析を受けたことのない者や行わない者もいることは周辺では知られていたが，IPAでは絶対視されている訓練分析を軽視していることは対外的に隠していたと思う（言う必要のないこと，と言ってもいい）。なぜなら，国際会議の懇親会などの交流に際して，日本側にこのことに触れないようにしようという共有された思いのあったことも記憶しているからだ。協会に所属するメンバーの全部が日本の精神分析学会のメンバーでもあり，そこに二股をかけるというこの二重性を生きる私も，私的な交流では説明するのだが，ちょっと前までは，「あの悪名高き日本人の二枚舌」という具合に一笑に付されることがほとんどだった。

「アムステルダム・ショック」に対して，当初のIPA内部では，日本協会を除名にするとか処罰するとかの厳しい意見もあったというが，判断は凍結して見守ろうということになった（マイケル・パーソンズ Michael Parsons の私的コメント）。その方針ゆえ，日本協会の行う訓練について調査や処罰はないことが早くから伝えられ，新規約の制定に向け迅速に議論が重ねられた。エリザベス・ビアンケーディ Elizabeth Bianchaedi ら親日的な海外の分析家による委員会が組織され，その助言を受けながら，日本協会から国際基準に合わせるという決定が1994年7月には国際協会会長には伝えられている。そして1995年日本協会のセッションの頻度が一週四回以上であることが明記された規約が作られ，1996年発効した（JPSニュース，1995年12月

号，5月号）。つまり，精神分析が精神分析であるための国際基準に従うことが宣言されて，訓練分析や精神分析における頻度の意義が改めて強調され義務化されるようになったのである。

　しかし同時に，国際環境もまた変化してきている。頻度の多い精神分析の意義を主張する論文も国内では登場しているが，ただ「やらねばならない」セッションの頻度にこだわるただの「数合わせ」のような議論は，臨床的には抵抗を生み出しやすくナンセンスに聞こえることが多い。そういう状況で，国際協会の方が先に述べたような危機に瀕して，セッションの頻度に関し少し柔軟になっているというのだ。

　ここで頻度に関して，私見を述べておきたい。確かに一回と四回の差は大きいが，もちろん私たちには具体的な数字だけが重要なのではないと思う。この外的な形式に対応する，作業同盟を踏まえたケースの選択が第一に重要なのだ（J. サンドラーら, 2008）。そして私の立場から部分的なことを言うなら，頻度の多い治療では，ただこつこつと繰り返すことが重要であり，その結果「ほど良い good enough 環境としての母親 environmental mother」の「抱えること」のきめ細かいことが価値の高いものだと思う。そして，私の持論である，そして W.R.D. フェアバーンのいう「良い対象」や D.W. ウィニコットのいう「環境としての普通の母親」は色や形あるものとして内在化されないのであり，その当たり前のように繰り返される無時間的設定こそが精神分析体験を作り出すだろう。

　しかし，ケースが簡単に選べないのであれば，どのような頻度であれ必要に応じてできることをして，相手と対話しながら症例と状況に応じて「ほど良い」治療構造を「適当に」「適切に」創るのがいいと思うのである。そして精神分析は「受けねばならない」からだけではなく「受けたいから受ける」「やりたいからやる」という自己責任で行うべきものであり，できれば治療構造も「そうしたいからそうする」という当時者の自己責任で設定されるべきであろう。個人的には，回数の形式的変化に応じる微妙な体験内容が何よりも貴重であると感じるし，精神分析家へのアンビバレンスや不信感も

その中で語られることが多い。

　こうして今のように制度が揺れるとき，精神分析が硬直する制度に振り回されるべきものではないことが明らかになる。そして，精神分析が明らかにした無意識の無時間性とは，受けてみて始めて分かることがあり，だからこそ制度の中の訓練分析から学ぶことも多い。とくに精神分析の指導者になるには，それが何たるかを語れるようになるためにも訓練分析を体験しておく方がいいに決まっている。それも，防衛が破綻していない者が制度の中で受けると，ただ超自我構造の中で行われるなら，目に見えて得られる変化は少ないという限界の可能性を知ることも当然ながら重要な体験だろう。

　そして，これまでの議論では，患者のニードのことを忘れていることが重要であると思う。当然だが，彼らこそ国際交流に関心がないし，IPAとはほとんど無関係なのである。私たちの仕事はビジネスとしても生き残らねばならないのだが，日本のマーケットで際立つのは被分析患者が来院する回数の許容範囲の小さいことであると思う。ある方々は，回数とは治療者の意識の問題と言われるが，IPA傘下での訓練分析はその国際精神分析協会の文化を共有する人が受けるのだから需要と供給とが一致すればそれでいいことになる。しかしながら，問題は臨床における治療のための精神分析的実践であり，実際のところ開業医時代を含めた私の経験では，入院ではなく外来で私たちの出会うほとんどの患者に週4回以上も来る用意はないように思う。だから，日本協会で分析家になるべく訓練を受ける多くの候補生たちが分析患者の確保に苦労している。それで，多くの患者が時に「多すぎる」セッション頻度に対し抵抗を示し，ドロップアウトしたり，あるいは回数を減らすことを強く要求することもある。直輸入の努力や本格派としての意識の高さに敬意を表するにしても，「日本人は抵抗する」という事実は看過できないだろう。

　こういう歴史と現状で一体誰が，学会でスタンダードとなった形で日本の精神分析の回数を減らしたのだろう。自然にそうなったのだろうか。

5. 日本精神分析学会（JPA）の柔軟性

武田専は「週一回の面接」は古澤平作の発明であるという。

「欧米のように治療費をためて休みをとり，毎日分析を受けるのは不可能で，通勤しながら週半日の休みをとるのが精一杯である。精神分析としての筋を通しながら，いかに日本の風土に適応させるか，週一回の簡便精神分析療法は，古澤の苦心と工夫の産物であった。」

小此木は，この「日本的技法の開拓」を「日本的精神分析の開拓者古澤平作先生」という論文で取り上げ，我が国の経済条件がこれに関与する，としている。つまり，経済的な余裕のなさから頻回に来院できないのだと言うのである。そして学会のために，彼の出した結論はこうだ。

「わが国の現実は，さまざまな臨床経験が共存している段階にある。それぞれの立場とそれぞれの臨床経験を持つ人々にとって，それぞれの精神分析に価値がある」と言う小此木（1990）は，こういう学会の状況を「多神教的な共存と協調」と呼ぶ。

セッション頻度の問題は資格問題で重要となり，アムステルダムで問題になったように，議論は自ずと国際資格に関わる訓練分析の頻度のことになる。私は，死の直前の小此木先生と，この「訓練分析のない，あるいは訓練分析の少ない日本の精神分析」についてメールのやり取りをした。訓練分析の実践に積極的でなかった小此木の持論は「教育分析を受けたと言う人たちの，解決されない病理と，解消されない転移関係の取り扱いに，私は終生苦労してきた」ということであり（それはつまり小此木先生や私の病理も含むはずであり），ここでは書かないが先生はそれについて具体例を挙げて多くを語られた。

私は，訓練分析を受ける弟子たちが隠れて自分の悪口やプライベートなことを言っているのではないかと親分が心配するという「親分の不安」と，日本人が精神分析を日常に持ち込む時の互いの孤独と距離に耐えられないとい

うことが理由なのではないか，と申し上げた。

　確かに，訓練分析を受けたという者たちの自己愛的病理の温存は，私を含めて内省すべきことであり，小此木はそういう訓練分析が絶対視されることに疑問を感じていたのである。再三，自己愛的世話役（narcissistic caretaker）を自認していた小此木は，訓練分析を行うにはあまりに近すぎる人間関係のために訓練分析的関係が結べないことを理由にしていたが，ここには同時に，ただイニシエーション儀式のように行われる訓練分析の形骸化への痛烈な批判が含まれていたと思う。どのような精神分析も，たとえ受けたことがあったとしても，受けたことがない者と同じくらいに終わりがないのである。しかし，だからといって訓練分析的な発想が否定されるのではなく，その後も取り入れられた形での自己分析とか「心の中のスーパービジョン」，あるいは自己モニタリングは不断のものとして欠かせないということなのだと思う。そして，小此木はそれを否定してはいない。

　しかしその前に，小此木の師であり，精神分析の輸入に際して重要な役割を果たした古澤自身の訓練分析の実践について考えねばならない。これについては前田重治の貴重な訓練分析の報告がある。その『自由連想覚え書き』によれば，一週に2回から5回，1年間近く行われ，回数は柔軟に変化したという。それを受けた前田自身も1980年代まで精力的に訓練分析を行っていたが，多くが週1回であり，場合によってはそれ以上のものもあったという。そしてこの柔軟性には，国際基準に従って訓練分析は必要と言う認識はあるにせよ，形式的に「こうでなければならない」という国際基準遵守の意識はない。

　述べて来たように，こうして日本の精神分析の歴史には，現在でこそ訓練分析を絶対視するJPSと訓練分析を義務化しないJPAとが分裂した形で存在するが，戦前においてはJPSとJPAは相互乗り入れして，今日あり得るすべての「日本の精神分析」があったのだと思う。そして特に訓練の面から言うと，その量と質にはまったく幅広いものがある。具体的に言うが，進取の精神でヨーロッパに渡り始めて分析家の資格をとったサイコロジスト矢部，

帝国大学医学部の教授として精神分析を講じ続けた丸井，開業クリニックにおける実践を基本に訓練と臨床を続けた分析家・古澤，それと翻訳と出版という啓蒙活動に終生精力的だった大槻。80年前この4人全員が臨床活動を行い，「それぞれの精神分析」を実践していたと言う。訓練の面で多種多様な背景を持つ彼らが，「日本の精神分析」として，とくに仙台と東京，そして医学系と非医学系の間で緊張関係を保ちながら，完全分裂することもなくまた統合されることもなかったという事実は，実は今の日本精神分析学会の多重性や柔軟性を生み出し，現在も中身を活性化しているのだと思う。

　私たちは小此木によって「多神教的な共存と協調」と呼ばれた，この日本精神分析学会のドンブリのような包容力と中身の多種多様性の事実に正直でいたいと思う。そしてIPAが，「さらに少ない頻度の精神分析」を認めるようになるには（たぶんいつかそうなると思うが），まだ何十年も，何百年もかかるだろうと思う。実際のところ，英国で週3回の精神分析的精神療法を実践している，かなり大きな組織がこのIPAの傘下に最近入ったくらいだから，確実に変化していると思うが，速度は遅い。

　たとえフロイトが週に6回も患者と会っていたとしても，お茶もお花も，どのような外来診療も，多くがまあ週に1回で設定されているのだから，週1回くらいが日本のスタンダードになるのは仕方がなかったと思う。そして，表から裏への抵抗が克服され，希望や必要に応じてやれるものなら回数を増やせばいいのではないか。精神分析が輸入されてからの80年の間に，JPAと精神分析研究誌が示してきたように，それはそれでけっこう成果を挙げてきているのだ。「それなりに」とは，この文脈で何と相応しい言葉であろう。それは，時代の動向に振り回され原則を変えることになったIPAよりも，全天候型で薄っぺらな印象はあるが，強力な芯を中心に根をはろうとする「日本のやり方」は生き残る可能性はある。

　紛れもなく，私たちは「日本の精神分析」を独創的な形で作っているのである。「私の精神分析学会」に私たちは，ルールやロジックで集まっているのではないのではなかろうか。精神分析やフロイトが好きだから集まってい

るのであり，学会JPAは主に情緒的なつながりで組織された同好会集団なのであると思う。

6. 日本の精神分析のやり方

　さてIPAニューオリンズ大会のコングレスでは，この不景気な沈滞ムードの中で，私とダニエル・フリーマンがやった「日本の貢献」のセクションでは，早朝の小さな部屋を与えられたからよけいに感じたのだが，意外なほど多くの関心を集めた。私の発表では，意図的に週1回のケースを引用し，甘え（土居），阿闍世コンプレックス（古澤・小此木）の概念を紹介しながら，それを批判的に再検討したものだった。対面法は「横並び（サイド・バイ・サイド）」に意義があるというような議論を通して，南米や北米だけではない，とくにインドや韓国といった国々の精神分析の少数派と交流できたことには手応えあった。次いで，ジューマ・バサックが参加して行った2009年のIPAシカゴ大会におけるパネル「恥の文化における精神分析」では，私は週4回の精神分析セッションの報告を行った。これも，これまでの私が関わった企画の中で一番多くの出席者を得たし，今また，2011年メキシコに向けて同様のパネル企画が採択されたばかりだ。こうして，80年の歴史があるのに1億2千万人の国民に対して国際的には数十人の有資格者しかいないという，小さな日本協会と大きな学会という「日本的やり方」はむしろ評価され注目されつつあるという印象があるのだ。

　国際精神分析協会が危機にあるからといって，私たちの日本協会はその退潮傾向のけっして道連れにはならないだろう。国際協会はこの危機を打開するため，良いアイデアを出した者に予算を出して研究や実行を奨励するという募集を始めたくらいだ。しかしながら，週7日の半分以下という頻度の精神療法と，半分以上の4，5回の精神分析とを二重化を解消して統合するの

は，まったく大変なことで，外国の彼らは，私たちが主に国際有資格分析家の訓練では国際基準に合わせながらリーダーを養成し，国内の臨床では自由にやるというのが理解できないようだ。

「日本のやり方」とは，ただ実践上の頻度の二重性だけではない。前出のパイオニアたち，そして小此木，西園，前田らによって創出された「日本的やり方」とは，国際化された基準の中で指導者や研究者の養成を行いながら，国内学会では「精神分析の実践者」を指導，教育するという「使い分け」の方式である。IPAに所属しないがIPA分析家によって養成されているセラピストのことを，英国協会のロナルド・ブリットン Ronald Britton は"psychoanalytic practitioner"と呼んでいたが，なかなか良い表現だと思うし，こういうことを英国協会の会長が発言するのだから，このような二重化・多重化という方向の実践が，国際化と呼ばれるべき段階では求められているのかもしれない。

ニューオリンズで私がプレゼンテーションを行ったセクションでは，中国の精神科教授が「精神分析が本当に役に立つなら，日本のやり方は私たちのモデルになりそうだ」と言っていた。その通りなのだろう。私は，協会の50周年記念で，日本の精神分析家による英語論文集を編集したが，そのタイトルも「精神分析への日本からの貢献（Japanese Contributions to Psychoanalysis）第一巻」（日本精神分析協会から発刊，2004）で，続いて出たのが「二巻」「三巻」（2007, 2010）だが，編集はこういう国際的な動きや期待に呼応していると思う。なぜなら，意図的にそうしたわけではないが，その「第一巻」に引用される治療はIPAの言う国際基準のものとは言えないのである。この英語論文集では土居の「甘え」概念などの提出背景や国内の臨床実践のレポートを含む実情が示されているので，ぜひとも関心をもつ読者の一読を仰ぎたい。

こういう二重化という実情は，確かに隠されていた時期があるのは，主に日本の地理的な孤立と言語的交流の困難さによる自然な出来事でもあったと思うが，国際交流が進むと，そうはいかないことになる。とくに日本精神分

析学会が外国の分析家の招待講演を依頼する時などに混乱が生じる。つまり，その招かれた者の大部分がIPAの分析家であるのに，招かれたところがIPA傘下の組織ではないのだからまず不思議に思い，会場に1000人以上の参加者を発見して日本では精神分析がこれほどの人気があることに驚かれることがある。これについて，橋渡しするJPSの日本人側がその二重性の説明を行うことになる時，JPSとJPA，どちらの組織にもメンバーに同じような顔ぶれが揃うのだから，ここで歴史と事情を説明さえすれば，甚だしい誤解はいつも解けるものと思う。拡大された団体であるJPAから得られる熱気とこれが有する資金力もまた大きいので，この少数の中核部分と拡大する組織とを使い分けるのが「生き残りの方法」だという「日本のやり方」は，その意義と共に，後退するIPAに対して今こそまさに説得力がある。

　西園昌久は，「この二つの組織と言うアカデミックな在り方は，同心円的で独特のものであり，このようなものは世界の中で例を見ない」と評価する。そして，馬場禮子，成田善弘というIPA，JPSの系列に所属しない分析的治療者のJPA中核における存在感とJPSメンバーとの連携は，この全体集団の維持に大きく貢献してきたと思う。その業績の質と量を踏まえるなら，彼らはかなりの学会員の立場と成果を代表しておられるのだ。

7. 抵抗と防衛としての二重化

　このような，国際性の水際における二重化というやり方は，日本のさまざまな業界で行われていると思うし，ある程度の「分割 splitting」や「二重人格」傾向はどこにでもある。日本文化論としても，周知のごとく，内と外，本音と建前，裏と表という二分割として，すでに多くの論考がある。しかしそれは，病理であることもあるが，自己の使い分けを生み出す積極的な適応や葛藤解決の方法でもある。

学者の言葉でさえも，論文を書くときは書き言葉という「である」調で硬く書きながら，話すときはやや柔らかい話し言葉で「です，ます」で話すという「使い分け」が見られる。そして，この二重化は，日本人のセルフの二重性を映し出しているのである。ときに私たちは，外に対して内側の姿を少し隠して生きていて，それが暴露されて排除される可能性を恐れている。その二重性が露呈するときの情緒を恥と呼び，日本文化や日本語を意識して，つまり「日本語臨床」を意識すれば，その心理はいくらでも論じることができる。二重化の悲劇であるイザナギ・イザナミ神話や『夕鶴』等の物語を踏まえた私の「見るなの禁止」の分析を聞いて，若い日本人はどう感じられるのだろう。今の日本人のパーソナリティは，「二重人格」ではなく，もっと統合され恥知らず shameless になったのだろうか？（オリンピックなどを見ていて，負けても傷ついても，素直だが逃げ出さない若者たちを見て，「見るなの禁止」の物語の結末が変わってきていることを実感するが。）

　しかし，多くの神経症患者が，この神話のヒロインのように，恥不安が強すぎて，自分の弱点や傷ついた自己を見せることができない。私の意見では，日本人の本音と建前，表と裏とかいう二重性や分裂は古代からのものであり，依存と不信の念を抱えて生き残るための知恵であり，それは現在もそうなのである。それに外部から分析者が無理にアプローチすると恥という抵抗に会い，欲望に乗じてそこを無理矢理暴露しようとすると，「見るなの禁止」の物語のごとく，明らかになりかけた正体を排除することになる。そして，この問題は日本人だけの問題ではないのである。

　ゆえに，「アムステルダム・ショック」の顚末は，まったく「見るなの禁止」の物語展開が透けて見えかけながら主人公が逃げ出すことがなかった，当事者が「生き残る」という健康な反応の例なのである。内的な適応と外的適応の二重化があり，その内的事情が外から隠されていたのが，露呈して羞恥不安とともにあわてたが，踏みとどまって外的要請に合わせて再適応して再び二重性を維持しているという流れである。「蓋をとる方法」としての精神分析は人間の恥の不安を惹起することになり，輸入文化としての精神分析

に対して日本人は独創的に「抵抗」しているのであり，アプローチそのものにどうしてもハードな外向きの精神分析とソフトな内向きの精神分析の二重化が求められるのであろう。そして，私の自我（=〈私〉）は，その矛盾する間を葛藤しながら，渡しながら生きて行く。

　もちろん，遠い将来における二重化された内と外の統合を時間をかけて考えるのが日本の精神分析の自然な目標だと思う。そしてその分析に際して，実はこの日本人の二重性という防衛，そして前章で見た土居理論の生成過程にも見られたような心の抵抗と解決を体現してきたこの方法こそが，「日本の精神分析」の方法の一つであったと思うのである。そして外部と内部の使い分けが，ハードな日本精神分析協会とソフトな日本精神分析学会という二つの精神分析を生み出したわけである。しかし，それだけではなく，この二重性はフロイトの意識と無意識と心を二つに分ける精神分析の（シゾイドというほどでもない）パーソナリティのオモテウラ・モデルに対応し，表と裏の両者を性急に接近させると抵抗を示すのが心というものであり，技法論に「抵抗」という概念をもつ精神分析の理解は日本人とその文化にも合っていると考える。

　古語辞典で「うら（back）」をひくと「こころ」という意味があると記されているが，この「うら」は「うら恥ずかしい」の「うら」であり，心とは表面に簡単には出ていないものだと日本語は教えているのであり，どのような分析的臨床心理学も，抵抗論を必要とするのである。文化論的抵抗を尊重するというやり方は日本のフロイディアンだけではなく，日本のユンギアンもやっているのではないかと思う。河合隼雄を旗頭にした日本のユンギアンが臨床心理学でユングの教えを振り回さず，関心や巻き込まれ方の程度を問わずに一万人もの多数からなる折衷的集団を作って，さらに大きな力を得るという方法である。結果は例のごとく，精神分析「について学ぶこと（learning about）」と精神分析家「になること（becoming）」とを区別しないで，マルクスを読むこととマルクス主義者になること，革命を勉強することと革命家になることを区別しないで，南無阿弥陀仏と唱えれば救われるという何

もかも連れていこうとするやり方で拡大していく。

　実際には，反復が常なのだから，しばらくは日本の精神分析も同じ「日本のやり方」を続けていくだろう。そして結論としては，日本の精神分析は日本文化という抵抗を行動化しながら取り扱っているのであり，その抵抗分析から学ぶ日本の精神分析は日本文化を生き残れると思う。そして，精神分析運動の大部分は，国際的な動きとも連携しながら，日本的な形式でこれを実践する柔軟な実践家たちによって推進されていくに違いないと考えている。もちろん私たちは決して閉じこもることなく，しかし大波に備え，退路を断つことなく，絶えず内と外に同時に開かれて発展していくことになるだろう。

8. さいごに

　日本の精神分析の方法に「ダブルスタンダード」を見出して，若い頃，いささか当惑することもあった私も，ようやくこれを報告し，議論し，この意義を自分でも納得できたので，今，その表明の機会を与えられたことを「精神分析研究」の編集委員会に対して感謝したい。そして，諸先輩の最近の努力のおかげで，国際大会では日本の精神分析の在り方を隠さなくてもよくなったことを，内外に二股をかけてきた私たちは非常に嬉しく感じている。これまでは，外国人には理解が困難で，私たちにとってはなかなか理解してもらえなかったやり方を，「日本のやり方」としてちゃんと説明して理解させる努力は必要であり，ここに生きる私自身の二重性を使い分けながら示したように，日本のことも精神分析で十分に解釈できるのである。

　そして誤解を恐れず言うなら，それは決してスマートな方法ではないし，一人や少数の英雄に頼るのでもなく，「みんなで一緒にやる」という不器用なやり方でもある。そして本論は，精神分析的日本人論の焼き直しが多かったかもしれないが，もし世界の方が日本人のようになってきているとすれば，

日本人論は普遍的な人間論になるかもしれないものでもある。国際的には「精神分析の危機」かもしれないが，「日本の精神分析」にとっては，むしろ歓迎すべき主張の機会なのだ。

外国から輸入されたはずの思想やさまざまな楽器が日本で1000年の歴史を経て完成しながらも，一方で諸外国ではそれらが絶えていくということもおこる。80年の歴史は，これからの日本での展開の可能性を考えるなら，まだまだ短い。私たちの精神分析，そしてフロイトの教えは，日本のものになるためにはまだ1000年近い年月を経てようやく禅などと同等の位置を占めることになるのだろうと私は夢想している。そして，その時には，日本とか外国とかの，今あるシャープな区別は霧散していることだろう。

[文　献]

小此木啓吾（1970）日本的精神分析の開拓者古澤平作先生．精神分析研究, 15（6），1-15, 1970．

小此木啓吾（1980）わが国精神分析の輸入文化的構造と古澤平作．精神分析研究，24, 221-228, 1980．

小此木啓吾（1990）自由連想法と治療回数をめぐって．精神分析研究，33, 387-396, 1990．

Kitayama, O. (ed.) (2004) Japanese Contributions to Psychoanalysis, Vol. 1. Tokyo: The Japan Psychoanalytic Society.

Matsuki, K. (ed.) (2007) Japanese Contributions to Psychoanalysis, Vol. 2. Tokyo: The Japan Psychoanalytic Society.

Fukumoto, O.(ed.) (2010) Japanese Contributions to Psychoanalysis, Vol. 3. Tokyo: The Japan Psychoanalytic Society.

前田重治（1984）『自由連想覚え書』岩崎学術出版社（個人的に多くの情報を得た）．

Nishizono, M.: A History of the development and the present state of psychoanalysis in Japan.（出版されていない）

J. サンドラーら（2008）『患者と分析者（第二版）』（藤山直樹・北山修監訳）誠信書房．

武田専（2003）『分裂病という名の幻想』元就出版社．

4. 交流の「表と裏」とその起源について

1. はじめに

　私たちは一体誰に向けて書くのだろうか。臨床で私たちの書き言葉は, メモ（覚え書き）か, 記録（カルテ）か, 手紙か, 発表論文かによって, その書き方や内容を大きく変える。臨床家がものを書く際の大問題は, この相手次第という状況依存性なのだ。自分（第一者）のためか, 特定のあなた（第二者）に向けたものなのか, あるいは外にいる, 不特定のみんな（第三者）のためか。だから本書のこの文書のような場合は, 外の第三者に向けて書くのだから, もちろん臨床における心の秘密には直接触れない。
　また, 臨床で話すことは, 患者という第二者という相手に話すという重要部分を際立たせていて, 第三者に向けられているという意識が希薄になることがある。そうなるのは, 患者（第二者）に対する「守秘義務」によって, 第三者には内容の重要部分を公開しないことが義務であり方法であるからなのだ。そしてまた, 本書前半に掲載した書簡が, さらなる心理的真実に迫れる資料となるのは, 言語の二者性が高まるからである。
　さて, 本章の前半で, 心の理解ではこの第二者に語る二者言語が重要であることを強調する。後半部分は唐突に映るかもしれないが, 最後は三者言語と二者言語の二重性の起源を述べておかねば精神分析の本ではないと思い, それをできる限り分かりやすく示したい。それも一般読者に対し, 再び文化

を材料にしてこれを述べておくことは、私は本書の最後においてスリリングで相応しいことだと思うのだ。つまり、本書の内容を臨床と橋渡しするために、母子関係や臨床における「日本人」という「抵抗」の場所とその形を示しておきたい。それはこれまでの私たちのキーワードを使うなら、裏と表という二重性とその間にあると言っていいだろう。

2. 書簡：二者言語の発生現場として

　対話が中心となる精神分析的な治療の中では、第三者に分かる言葉（三者言語）よりも、治療者と患者という二人の間に通じる言葉（二者言語）が生まれることが重要である。ところが、精神分析の論者たちは、この二者言語と三者言語とをあまり区別しないようだ。私の考えでは、それはフロイト以来の精神分析の考え方によるところがあり、それは治療者たちが分析的な発見を伴う資料をできればそのまま第三者に向けて発表したいという欲望を持っているからではなかろうか。

　さらに二者言語と三者言語の混同のことを説明するなら、フロイトは意識的には科学者であろうとしたが、同時に文学者や芸術家が羨ましかったという背景がある。たとえば、彼は芸術に感動する前に、その感動の分析を行う。「ミケランジェロのモーゼ像」（1914）というエッセィで、作品を分析しないままでは感動できないと語るが、感動してから後にゆっくり分析する私たちとはまさに反対である。そこで、感動させる芸術家に対し「我慢できない」思いでいるフロイトは、そもそも芸術家になりたかったようだ。というのも「分析技法前史について」（1920）という匿名記事で明かしていることだが、実は、自由連想法という精神分析の方法は、彼が若い頃に読んでいる『3日間で独創的な作家になる方法』（ルードヴィヒ・ベルネ）という本から受け継がれたものなのである。

もう一つ，フロイトの芸術家に対するアンビバレンツを示すものとして，アーネスト・ジョーンズは，1880年代の青年フロイトの恋人マルタを奪おうとする芸術家が二人もいたことを記録している。彼のこのようなライバル視については他にも例を挙げることができるが，彼の分析では総じて芸術家とは神経症の予備軍のような存在で，性格的には弱い人間なのである。

　こうして論文や記録の分析では，彼の反復としての同胞葛藤で芸術家と競争する傾向があると言えるのだが，中でも同時代のオーストリアの作家シュニッツラーこそ，フロイト自身が自らの分身と考えた劇作家であり，その書簡（1906）にはまさに羨望が吐露されている。

　「ついには現在では，これまでは驚嘆 bewundern の対象であった詩人という存在を，羨ましく思う beneiden までになりました。」

　10年前トム・クルーズ，ニコール・キッドマン主演で『アイズ・ワイド・シャット』（スタンリー・キューブリック監督）というスキャンダラスな映画が発表されたが，シュニッツラーとはその原作を書いた作家である。そしてフロイトは，60歳の誕生日を迎えたシュニッツラーへの手紙（1922）で，作家に憧れながらも分析家を選んだと告白する。実は，論文中で三者言語を語るフロイトではなく，これこそが彼の極秘の二者言語なのである。

　「私はあなたに一つの告白をしようと思います。どうかそれは，私のためにあなた一人の胸に秘めて，友人にもその他の人にもお明かしにならないで下さい……思うに，私があなたを避けてきたのは一種の分身嫌いからでありました。」

　書簡の中の実に正直な彼の言葉やその他の言説に従うなら，文学者が言葉で心を扱う仕事の同業者でありながら，女性たちの心の深層にたやすく触れているので，フロイトは強く嫉妬しているのである（北山，2010）。やはり，嫉妬はもっとも公言しにくい心理の一つなのだが，その理由は，それは罪悪感や羞恥心を刺激するからだろう。

3. ここだけの話

　すでに述べたように、小説や論文の言語は主に外の第三者に向けられるが、精神分析は主に第二者（あなた）に話すことを目標にする。技法においても内なる一者言語を批判・選択することなく「言葉」（二者言語）にしていく自由連想法にこそ特徴があって、言語の向けられるところが「みんな」ではないのである。このような臨床の二者言語そのものが報告という三者言語の場で評価されることは稀であり、多くの二者言語が人前で報告される時はその輝きを失っているだろう。つまり、二者言語に命があるのは、治療室の中の「二人だけの間」に留まる「ここだけの話」の中においてなのである。またこの「ここだけの話」という言い方こそ、心の秘密を取り扱う臨床家の言語感覚を代表しているはずだろう。

　とくに罪悪感の問題をめぐって臨床で出会う症例の多くはまじめな人たちであり、その生産性や勤勉の背後で、子としてその親にいろいろとしてもらった世話に伴う罪悪感が強く疼いていることがある。現代日本人はその罪意識を汚いもののように言うことは少ないが、この問題は不純で未消化な思いであり、これを罪悪感、つまり古くはケガレ（汚れ）と呼んだのは「こなしにくい（消化しにくい）」からという「消化の論理」は生きている。つまり、不純な「すまない」ものをゆっくり「心の胃袋」に置いておけないのである。

　だから、それを置いておける空間で、患者の心の中の「母親殺し」や「父親殺し」という犯罪とその罪を、私たちは時間をかけて扱うのである。これについて、多くの患者・クライエントが、セラピストに言えば外部に漏れて皆に伝わることを恐れているが、それは決して起こらない。言葉にすることと、外に伝わることは違う。心理的な罪は治療室に「ここだけの話」として置かれて、「すまない」は心理的なものとして扱われ口外されない。そして私たちは、「信じなさい」「祈りなさい」とは言わないし、許すことも責めることもない。ただ時間と空間を提供して聞くだけが基本であるが、二者の

「ここだけの話」に留めるという対応を，改めて精神分析の治療技法に含めても良いのかもしれない。

　一者言語とは心の内部にある独り言が主流であり，三者言語が外部にいる人たちに向けられているとすれば，二者言語とは，独り言の内部と第三者に聞こえる外部の中間にある。そして私たちは，文学者が主に関わるマス・コミュニケーションのための三者言語の専門家ではなく，明らかにパーソナル・コミュニケーションの二者言語の専門家である。つまり，治療室内部では蓋を取りながら治療室の外には蓋をつくるという，矛盾するように見える，二者間内の言語の使用こそ重要である。

　そして，「あなたの胸に秘めておいてほしい」とフロイトが願いながらも，その手紙が今や広く公開されていて，今その内容を活用しながら，その心の秘密を守ることの重要性を公の場で強調できることは何よりも貴重だ。そして「ここだけの話」として言葉にされ，書簡で裏の交流としてそれを受け止めたように見える芸術家シュニッツラーは，フロイトの羨望と二者言語に対する受け皿として良い仕事をしたと思う。

4. 交流の表と裏

(1) 二者間内交流と二者間外交流

　書簡を精神分析的探求の素材としようとすることの基盤には，私がずっと抱えてきた，言語の二重性という大きな問題提起がある。また，日本の精神分析の輸入の仕方は内の実践と外への適応という二重化，さらにはセッションの頻度にも週1回の形式と濃厚な週4回の形式という二重性がある。そして，個人は外に向けて内側を語る際に「隠す」というパーソナリティの二重性がある。最後の個人内の二重性と言うよりも，自と他の間の交流における二重性について発生論的に考えることが，今ここで必要となったと思う。そ

れこそが精神分析のニードであるが,一般読者には書簡集の範囲を越えることになるかもしれないので,この部分は付録のように考えてもらってもいい。
　私が論じてきた,精神分析に対する,外向きの言語(三者言語)と中間的な言語(二者言語)の二重性という私たちの在り方は,日本人一般について言われる「恥の文化」や私の「見るなの禁止」論(たとえば北山,2010)と無関係ではないと考える。そして,それは人間であればそういうことが起こるのが当然のことであり,日本人だけではなく多くの文化圏においても起こっているという類いのものであるが,話し言葉と書き言葉という二つの言語の形式を使い分ける私たちについては,その言語的交流の二重化は実に発見しやすい。つまり,人間は表からアプローチされると,外に合わせながらも外から裏を守ろうとし,主体が表と裏に二重化し,言語も建前と本音に二重化して抵抗するという現象で,それが我が国では学問の「和魂洋才」という形にまで発展することもあろう。そこで,表の交流と裏の交流という二重の交流における,矛盾や乖離が育まれやすい,比較的早期のコミュニケーションの形式を示しておこうと思うのだ。
　浮世絵母子像の研究(私の編著で『共視論』がある)でも示されるように,二者間「外」の,つまり表の共視対象の共有と,これに「みんな」の言葉(三者言語)で名付けて語り合う二人の学習や言語的交流と並行して,二者間「内」では身体的交流,情緒的交流も盛んに行われ,情緒的で身体的な「横のつながり」「後ろのつながり」が形成されていることが確認できる。つまり,表の外的対象を介した二者間「外」交流と,その裏の直接的な二者間「内」交流という二重の交流が同時に展開していることになる。前者が先の言葉で言うなら三者言語であり,後者が二者言語の場所である。よって,同じ言語交流でも論文に比べて書簡は二者言語による二者間内交流が少し増して,精神分析中の自由連想ではもっと増えることになる。
　後ろの二者言語では愛情,暖かさ,安心とかだけではない,不安,不信感,汚いこと,嫌らしいこと,醜いこと(見にくいこと)は,この背後の二者間内交流で「裏の話」として伝えられるのである。この「後ろ」とは,下半身

の排泄や性交に関わる場所でもあり，それに対応する言語的交流も裏話や陰口というものになりやすい。そして，表の交流と裏の交流の間には「顔で笑って心で泣いて」という「うら表」「うらはら」の関係が生じやすい。それは，純粋で同種（homogeneous）の共有された中央に対して，周辺では雑で不純であり，異種（heterogeneous）から成る集団形成の在り方にも反映している。

(2) 悲劇も性生活も背後で起きる

精神分析は，この表からは見えない，背後の交流にも関わる。共視母子像でも見られるが，表向きはポジティブに共視を行う母子であっても，「仮面親子」の背後の交流，ネガティブな情緒的交流や，お互いに傷つけあう外傷的関係や「泥仕合」「裏切り」は見えないところで行われやすいし非言語的に行われやすい。後ろに置かれた寂しさや嫉妬（うらやみ），そして表の暖かさと裏の寒さの矛盾，さらには人間や環境の「裏切る」ということを取り扱うのも，臨床的な深層心理学としての精神分析学の仕事である。まさに，子供の登場する春画においても示されるように，育児を担当する上半身と男と絡み合う下半身とを母親が使い分けるようにして，表裏の交流は母体を表裏に二重化させて成立しているのである。つまりこれらの男女は下半身，つまり裏で身体的に交流している（つるんでいる）のであるが，上半身，つまり表の母子間では文化的な育児が継続しているのである。

そして，精神分析の形式，つまり治療構造がいつも重視されるのだが，常識的に分析的セッションは回数が多い方がこうした深い内容や裏の出来事に触れやすくなっており，母子像中心の絵の中では見えにくい父親の姿が垣間見えてくるのも，こうした頻度の高い設定があった上でのことである。「蓋をとる方法 uncovering method」としての精神分析はこういう心の裏や見えない陰の部分に対し時に侵入的であり，そのために，普通は表から裏に入るところでは抵抗されやすいのだと私たちは説明している。そして，対面法で逆に回数が少ないと交流は表面に終始して，性生活や外傷的な関係から遠ざけられて，部外者は「蚊帳の外」であり，特に最初は裏に触れにくいのである。

そこは，察するに余りあるというのである。もちろん，裏と表を混同して身も蓋もないことを言う人たちは，この区別は厳密ではなくなり，どのような設定でも裏が流出することがある。

実は，本書を共視対象として読むことで，「裏のつながり」「横のつながり」「後ろのつながり」を読者たちも楽しんでいるということがあるだろう。そして，もちろんこれらはけっして日本だけで見られる構図ではなく，ドイツ・ロマン派のフリードリッヒの絵のようにヨーロッパでも見られるが，外向きの三者的世界に対する，母子間の二者言語，あるいは情緒的交流の世界を背後からあからさまに，そしてはっきりと描く画家は日本ほど多くないと考える。以上が，建前に対する本音，表に対する裏という，私たちの言語交流やセルフの二重性に関する分析の要約である。

5. 精神分析の臨床に向けて

(1) 裏の分析として

土居健郎も論じているが，日本語の辞典で「うら」をひくなら，「心」を「うら」と読むことは興味深い。「うら恥ずかしい」「うら寂しい」という場合が使用例だが，日本人が心を裏と同音で呼ぶ時，心とは簡単に外に出ない部分だという意識の存在を伝えている。裏には何があるのか。春画の「裏本」が示すように，愛の形や性的結合もありうるし，「うら恥ずかしい」「うら寂しい」と言うように，恥や寂しさという情緒もある。また，「恨み」や「羨ましい」も裏としての心で体験されるようだ。「臭いものに蓋」と言うように，日常では多くの場合，裏は恥の心理や「見るなの禁止」で覗くことが禁止されていることが多く，それを不用意に覗くならば幻滅や「裏切り」そして「うら表」「うらはら」の二重性の悲劇が発生する。そしてそこをプロとして覗きたいのであれば，神話のイザナキのように逃げないことが基本で

ある。また，そこを覗かせるというのなら，『夕鶴』の〈つう〉のように去って行かないことが大事である。

　私の精神分析的な治療法，あるいは力動的精神療法では，以上の裏の裏であることそのものを尊重する。ここで「蓋をとる方法」としての精神分析を前面に押し出しても，あっさりしたものを求める多くの日本人はやっては来ないだろう。そして，治療的に（分析的にではなく）求められるのは，特に，表も裏もない人たちや，表と裏を混同するような人たちに対して，この「表と裏」の二重性を回復する「蓋を創る治療」（北山，2009）なのである。

(2) 非対面で二者間内交流を繰り返すこと

　そして自由連想法はまさに，対面せずに，最初から表の交流を回避して心や裏側に焦点づける二者間内交流の方法である。多くの聖母子像のごとく，表の交流を越え，顔を合わせないで，その奥にある，見えない背後のつながりを正面に据え，話し言葉で生き生きと交流しようとするのが精神分析である（北山，2007）。

　では，蓋をとって裏の宇宙へ出かける旅，それを一体誰が求めているのであろうか。もちろん，頑丈な蓋を持ち合わせていて，その厚顔の蓋をとって裏の内容分析を積極的に希望する人には向いていると言える。そして私の個人的観察では，母親の関心が直接的ではなく，不在であることが多いが，その背後ではしっかり抱えられていた人の方が，そのまま精神分析の自由連想の構造に適応しやすいと言える。

6．若干の臨床体験

(1) 25 年の治療

　これは，最初の自由連想の導入の際に，カウチに横になった途端に「横に

なれないこと」を訴えたケースで、職業はケースワーカーだった。パーソナリティは「自虐的世話役」と言える。人のお世話をすることが生き甲斐で、人の世話になると死にたくなるという人であった。25年近く続いた週1回の対面法面接の最後の方で、死に至る病気にかかってから、私の部屋のカウチで初めて横になれたことが大きな出来事で、世話になる時の罪悪感は取り扱われ軽減されたようだった。しかし確認できていないが、このような終末期の変化もまた私たちを喜ばせるための世話役的演技なのかもしれないし、再びこれも「蓋をとらない治療」だったと言える。最後は美意識にあふれた「辞世の句」を残して逝かれた。

(2) 週4回以上の回数の多い治療

しかし、精神分析では、その演技性が抵抗を超えて、裏話へと展開する。話はトイレの中へ、ベッドルーム（性生活）へ、体の中へと展開する。それは、つまり「裏の秘密」「裏の裏」が中心となって、「ここだけの話」として展開する。（だから三者言語の場である本書などでは、その「ここだけの話」は今のところ報告しないことにしている。）

7. さいごに

こうして、第三者の検閲の少ない、登場人物が二人しかいない書簡集が、外向きの論文や翻訳よる学問的交流よりも、私たちのフロイトとの直接的な二者言語の交流を理解することに向いていることも分かるだろう。書簡では、「ここだけの話」であるはずの二者言語が豊富に得られて、「裏の裏」を不十分ながらも理解できるのである。フロイトに傾倒しておられたはずのフロイディアンたちが、これほど抵抗しておられたということを知るのも、書簡ならではのことだと思う。そして、当事者たちはこれらの書簡が公開されるな

どとは思っても見なかったであろうし，もちろん反論が聞けないのが残念である．

　精神分析の実践とは背後にあるもの，深層の心へ注目する心理学である．表と裏に分けるなら，裏が真理（心理？）であり，心の場所である．それを知るためには，普通は，表を飾り格好を付けるという日本の文化的抵抗の在り方の分析を行ってから，或る覚悟と共にゆっくりとこれを超えていかねばならない．

[参考文献]

S. フロイト（1974）フロイト著作集第八巻『書簡集』（生松敬三他訳）人文書院（引用に際しては少し修正したとことがある）．
北山修（編）（2005）『共視論』講談社．
北山修（2007）『劇的な精神分析入門』みすず書房．
北山修（2009）『覆いをとること・つくること』岩崎学術出版社．
北山修（2010）『最後の授業』みすず書房．
土居健郎（1985）『表と裏』弘文堂．
E. ジョーンズ（1969）『ジークムント・フロイト：生涯と仕事』（竹友安彦ら訳）紀伊國屋書店．

あとがき

　本書は，日本の精神分析のパイオニアたちに捧げるものである。主に彼らのおかげで「日本の精神分析」，厳密には「日本の精神分析的精神療法」が生まれ育った。そしてこれを上梓する今，本書に登場する黎明期の矢部八重吉，丸井清泰，古澤平作，大槻憲二という四先生はもちろんのこと，故人となった土居健郎，小此木啓吾，そして今もお世話になる西園昌久，前田重治他，懐の深い先達たちによって正しく「日本の精神分析」が存在することを改めて痛感する。つまり，彼らが培った土壌や文化，つまり学会や協会に私たちを置いて抱えていただいたので，私という人間もまたここに生きて精神分析を語ることが可能になったという歴史を今さらながらに実感する次第である。本書は，彼らが読まれたなら，この著者を含めて「私たち」のことが書いてあると，おそらくその多くの部分に関して喜んでくださるものと思う。本書でたびたび言う「日本人」とは，これを日本語で書き日本語で読む「私たち」とほとんど同義なのである。

　特に第二部の第二章の，土居先生に関する論文は精神分析研究に掲載され，その主旨は 2010 年の東京で開催された日本精神分析学会特別シンポジウムでも発表された。その際は，多くの読者，参加者から共感の表明と励ましを受けた。おそらく私の国内の発表で，あれほど直後に，そして直接的に人々から肯定され褒めていただいたのは始めてである。特に巨大な "Oedipal father" として闘う土居先生と同じ時を過ごした際の私の「痛み」や「怒り」，そして感謝と愛が表れている箇所についてそうなのである。もちろん，それが私の抵抗であり「コンプレックス」だと批評する人もいるだろうが，私にとっては先生たちが，互いにそれらを言葉にできる関係を結べる人たちであったことによって，本書においても少なからず分析的でありえていることに

対し深く感謝したいのである。また，第二部の第一章の論文は，2010年春の日本精神分析協会学術集会においても概要を報告したが，その際にも同じような反応を得ている。

これらの論文の初出は以下の通りであり，オリジナル論文の掲載を可能にしていただいた各誌の編集委員会に感謝する次第である。

第一部

北山修（編）：フロイト‐日本人書簡集．精神分析研究 48 巻増刊号，47–56，2004．

第二部

① O. Kitayama: How the Japanese approach and "resist" psychoanalysis 80 years ago? Japanese Contributions to Psychoanalysis, Vol. 3, 203–213, 2010. Tokyo: The Japan Psychoanalytic Society.
② 北山修：フロイト精神分析学との土居健郎の「格闘」あるいは「抵抗」について．精神分析研究 54 巻 4 号，337–344，2010．
③ 北山修：国際的視野から見た日本の精神分析──その二重性と柔軟性．精神分析研究 48 巻増刊号，94–101，2004．
④ 北山修：方法としての「ここだけの話」．学術通信 96 号，岩崎学術出版社，2010．

さて，文中で深く分析できなかったのは，本書で散見されキーワードとなった感のある「プライド」「誇り」「孤高」というものの在り方についてである。それは，ここに登場した主人公たちが男性ばかりであるここと深く関係すると思うが，彼らが俗にいう「侍」であったことは多くの関係者から語られたので，人生の時間が許されるものなら，これが私の次の課題の一つとなるのは間違いない。感触だが，私が問題にする二重性から生まれる不純さ，矛盾，不信とは裏腹でありながら，表面的な意識としては意外と遠い関係に

ある。すでにこのことの重要性は，理論としては「見るなの禁止」論で，臨床的には『覆いをとること・つくること』（岩崎学術出版社）で強調している。

また，私のスーパーバイザーであった小此木啓吾先生の受けられた精神分析に関わる問題意識と，氏の治療構造論との関係は，そのご遺族である臨床心理学者・小此木加江氏の最新の研究がある。記録に残っているものに関する限り，小此木が古澤から受けた「精神分析」もまた週1回のものであったようだ。しかしそれは未だ公表されていないものなので，ここでは取り上げないことにしたが，本書と同種の結論が得られるもののようであり，いつか検討できることが楽しみである。

本書では充分に例証できないが，日本で訓練分析や教育的な精神分析がなかなか受け入れられないのは，私たちが西洋人よりも洞察的であるという奢りが日本人の側にあったことも証言しておきたい。随分前のことだが，そういうことを専門家の間でも公言する者もいたし，文章で書いている者までもおられた。そういう尊大な抵抗は言語道断だが，人は「鏡」としての他者がいないところでは自分は見えないので，その点においても洞察に向けられた精神分析の治療や体験という発想は日本人にも明らかに有効なのである。そして何度も言うが，それに対する私たちの抵抗は自分たちのことを映し出すものだし，抵抗分析こそ糸口となる。

さらには，私の問題として「二股をかける」傾向があるが，それはどちらの絶対化に関しても根強い不信感があるからだ。その背後の，母なる日本文化を外の父の侵略から守るというエディプス・コンプレックスは，正しく父-母-子の三角形を生きることで解決してきたつもりだ。同時に，息子が二人の間に生まれた結果，外と内の間の混血であり，それを生きることは承知だ。

末尾になったが，この書簡の存在を教えてくれたカナダのフロイト研究者P.マホーニィ先生に感謝せねばならない。次いで，ロンドンにおける私の分析家T. T. S.ヘイリー先生。このお二人がいなければこの本は成立しなかっ

た。そして繰り返しになるが，精神分析が過去を掘り返す考古学的な営みゆえ不愉快なところもあったと思うが，書簡の掲載を許可していただいた日本人のご遺族に感謝したい。本文第一部で，翻訳の面で助けていただいた井口由子さんに深い感謝を捧げたい。ドイツ語を喋れない私を，多くの点で助けていただいた。そして写真の転載については雑誌「精神分析」と不二出版の復刻版からのものが多いことを特記しておきたい。

最後の謝辞は，岩崎学術出版社の長谷川純さんに向けられるべきものである。早稲田大学における調査も含めて，ご協力いただいた。

そして本当に最後になったが，このたびの大自然の「裏切り」に対しても大波に巻き込まれないよう退路を断たない生き方が生き残るための方法であることを身にしみて感じた日本人は，本書に記した生き方を決して変えることはないだろう。そしてその大自然を「原発」により傷つけたという罪意識は，それへの愛とともに記される。

平成23年4月4日

著　者

編著・書簡監訳者略歴
北山　修（きたやま　おさむ）
精神分析家・前日本精神分析学会会長・医学博士
1946年　淡路島に生まれる
1972年　京都府立医科大学卒業
1974〜1976年　ロンドン大学精神医学研究所およびモーズレイ病院にて研修
1981〜1991年　北山医院精神科院長
1986年　国際精神分析学会正会員
1991年　九州大学教育学部助教授
1994年　同教授
2010年まで九州大学大学院 人間環境学研究院・医学研究院教授
専　攻　精神分析学
現　職　北山精神分析室，九州大学名誉教授，国際基督教大学客員教授，白鷗大学特任教授
著　書　悲劇の発生論（金剛出版），心の消化と排出（創元社），錯覚と脱錯覚（岩崎学術出版社），見るなの禁止（岩崎学術出版社），幻滅論（みすず書房），共視論（共著，講談社），劇的な精神分析入門（みすず書房），覆いをとること・つくること（岩崎学術出版社）その他多数
訳　書　ウィニコット＝小児医学から精神分析へ，抱えることと解釈（以上監訳，岩崎学術出版社），ストレイチー＝フロイト全著作解説（監訳，人文書院），フロイト＝「ねずみ男」精神分析の記録（監訳，人文書院）その他

書簡訳者略歴
井口　由子（いぐち　ゆうこ）
臨床心理士
1952年　東京都に生まれる
1974年　早稲田大学第一文学部心理学科卒業
1974〜1985年　東京都福祉局（当時）心身障害児・者施設心理技術職
1980〜1982年　ドイツ連邦共和国（当時西ドイツ）チュービンゲン大学医学部児童青年精神科にて研修
1985年〜　財団法人 児童育成協会 こどもの城小児保健部（小児保健クリニック）心理相談員
1999年〜現在　こどもの城小児保健部長
専　攻　臨床心理学　発達心理学
著　書　子どものからだと心 身近なQ＆A（共著，中央法規）
　　　　フロイト＝「ねずみ男」精神分析の記録（共著，人文書院）
訳　書　L．ブレム-グレーザー「動物になった家族〜子どもの動物家族画テスト」（川島書店）

フロイトと日本人
―往復書簡と精神分析への抵抗―
ISBN978-4-7533-1024-1

編著者
北山　修

2011年7月24日　第1刷発行

印刷　広研印刷（株）　／　製本　河上製本（株）

発行所　（株）岩崎学術出版社　〒112-0005　東京都文京区水道1-9-2
発行者　村上　学
電話 03(5805)6623　FAX 03(3816)5123
©2011　岩崎学術出版社
乱丁・落丁本はおとりかえいたします　検印省略

覆いをとること・つくること ●〈わたし〉の治療報告と「その後」
北山修著
「抱えること」に貫かれた臨床実践の軌跡とその後 　　　　　　本体3,500円

改訂 錯覚と脱錯覚 ●ウィニコットの臨床感覚
北山修著
ウィニコットを読みこなし続けてきた著者の道標 　　　　　　本体4,000円

見るなの禁止 ●《日本語臨床の深層》1
北山修著
日本の言葉と習俗にこだわる新しい臨床の世界 　　　　　　本体3,800円

自分と居場所 ●《日本語臨床の深層》2
北山修著
ユニークな臨床言語論から居場所のある自分論への展開 　　本体3,800円

言葉の橋渡し機能―およびその壁 ●《日本語臨床の深層》3
北山修著
言葉と臨床についての10年の成果を収録 　　　　　　　　　本体3,800円

精神分析事典
小此木啓吾編集代表　北山修編集幹事
わが国の叡智を結集した世界で最も幅広く総合的な事典 　　本体20,000円

臨床精神医学の方法
土居健郎著
臨床と研究のあり方を生涯問い続けた著者渾身の書 　　　　本体2,500円

ウィニコット書簡集
F・R・ロッドマン編　北山修，妙木浩之監訳
ウィニコット著作集・別巻1 　　　　　　　　　　　　　　本体5,500円

抱えることと解釈 ●精神分析治療の記録
D・W・ウィニコット著　北山修監訳
独創的な分析家による綿密・精緻な治療記録 　　　　　　　本体6,000円

この本体価格に消費税が加算されます。定価は変わることがあります。